MÉTODO PILATES AÉREO

INSTITUTO PHORTE EDUCAÇÃO
PHORTE EDITORA

Diretor-Presidente
Fabio Mazzonetto

Diretora Financeira
Vânia M. V. Mazzonetto

Editor-Executivo
Fabio Mazzonetto

Diretora Administrativa
Elizabeth Toscanelli

Conselho Editorial
Francisco Navarro
José Irineu Gorla
Marcos Neira
Neli Garcia
Reury Frank Bacurau
Roberto Simão

Jessica Renata Oliveira Souza

MÉTODO PILATES AÉREO

São Paulo, 2017

Método pilates aéreo
Copyright © 2017 by Phorte Editora

Rua Rui Barbosa, 408
Bela Vista – São Paulo – SP
CEP: 01326-010
Tel./fax: (11) 3141-1033
Site: www.phorte.com.br
E-mail: phorte@phorte.com.br

Nenhuma parte deste livro pode ser reproduzida ou transmitida de qualquer forma, sem autorização prévia por escrito da Phorte Editora Ltda.

CIP-BRASIL. CATALOGAÇÃO NA PUBLICAÇÃO
SINDICATO NACIONAL DOS EDITORES DE LIVROS, RJ

S715m

    Souza, Jessica Renata Oliveira
        Método pilates aéreo / Jessica Renata Oliveira Souza. - 1. ed. - São Paulo : Phorte, 2017.
        248 p. : il. ; 24 cm .

    Apêndice
    Inclui bibliografia
    ISBN 978-85-7655-617-6

    1. Educação física. 2. Pilates, Método. 3. Exercícios físicos. I. Título.

16-33725   CDD: 613.7
                      CDU: 613.71

ph2319.1

Este livro foi avaliado e aprovado pelo Conselho Editorial da Phorte Editora.

Impresso no Brasil
Printed in Brazil

Aos meus pais e à minha família, que são os responsáveis por quem eu sou hoje, por minha motivação acadêmica e na vida, pelo seu apoio incondicional em todos os meus projetos.

Às minhas amigas Amanda Moreira, Gabrielle Viterale e Kauira Grillo, que, mesmo longe, ajudaram-me a realizar o meu sonho.

AGRADECIMENTOS

A todos que participaram e tornaram possível a realização deste livro, lendo e revisando cada capítulo.

Ao meu namorado, Antônio, que soube ter paciência e perseverança nos momentos em que mais necessitava da sua ajuda e dos seus conselhos.

Agradeço, principalmente, à minha mãe, que me acompanhou e me ajudou em todo o processo do livro. Ela sempre foi e será a minha sócia e companheira de cada projeto; sem ela, não seria possível a realização deste sonho.

Ao meu pai, que, desde pequena, ensinou-me a ser responsável e sempre me guiou para ir atrás dos meus objetivos.

À minha avó Neusa, à minha tia Vilma e à minha irmã, Larissa, pelo apoio que me deram.

Agradeço a Rubén Nunes Dias, pela paciência e pelo apoio fundamental à sessão de fotos e ao *making-of*; ao fotógrafo Angel Rivero, pela disposição e pelo interesse em realizar um excelente trabalho na sessão de fotos.

A José Luis Carrasco, pela disposição em ajudar a buscar lugares para a realização das fotos.

Agradeço aos meus amigos e a todos que acreditaram em mim.

AGRADECIMENTOS

APRESENTAÇÃO

Desde os primórdios da humanidade, existe a busca por técnicas que proporcionem o bem-estar físico. Pensando nisso, Joseph Pilates desenvolveu um método inicialmente para reabilitação, criando mais de 100 exercícios. Pilates acreditava que a sua técnica, conhecida primeiramente como Contrologia, teria reconhecimento mundial, mas nem nos seus sonhos mais ambiciosos poderia imaginar a dimensão que essa técnica viria a ganhar.

Além de ser utilizada para a atividade física, é também empregada para o tratamento de diversas patologias. Muitos foram os livros lançados para demonstrar os benefícios do método, seja com gestantes, idosos, atividades em piscinas ou utilizando as máquinas desenvolvidas por Joseph Pilates.

Neste livro, o leitor encontrará, de maneira clara e concisa, grande parte do extenso repertório do método pilates solo e suas máquinas adaptada ao método pilates aéreo, com as modificações necessárias, os erros mais comuns e algumas importantes observações, algo que, antes, era visto somente em programas de formação de profissionais.

Apesar de alguns exercícios se diferenciarem da maneira exata como são apresentados no trabalho original de Pilates ou da sequência de realização por ele mostrada, o texto se inspira na sua obra original e se mantém o mais próximo possível dela. A nomenclatura dos exercícios está, em sua maioria, em inglês, mantendo a sua originalidade. Outros, que foram adaptados, recebem o nome em português.

APRESENTAÇÃO

SUMÁRIO

PARTE 1 – MÉTODO PILATES AÉREO – FUNDAMENTOS 17

1 Introdução ao método pilates 19
1.1 História do método pilates 19
1.2 Princípios do método pilates 21

2 Método pilates aéreo 25
2.1 Definição 25
2.2 Programação e metodologia das sessões 27
2.3 Benefícios 28
2.4 Contraindicações 33

3 Equipamento do método pilates aéreo 35
3.1 Colúmpio 35
3.2 Precauções no uso do colúmpio 37

4 Aspectos anatômicos relevantes nos exercícios do método pilates aéreo 39

    4.1 Posição neutra de pelve e coluna 39
    4.2 Movimentos escapulares 40
    4.3 Assoalho pélvico 41
    4.4 Movimentos cervicais 42
    4.5 Uso do *powerhouse* ou centro de força 42
    4.6 Posição em pé 43
    4.7 Padrão respiratório 43
    4.8 Ativação do músculo transverso do abdome 43

PARTE 2 – EXERCÍCIOS ILUSTRADOS 45

5 Exercícios para nível básico 47

    5.1 Como subir ao colúmpio 47
    5.2 Como posicionar-se em decúbito lateral e ventral sobre o colúmpio 49
    5.3 Respiração 52
    5.4 Balançar I 54
    5.5 Alongamento de uma perna 56
    5.6 Alongamento de pernas 58
    5.7 *Bridge* I 60
    5.8 *Chest lift* I 63
    5.9 *Leg pull front* I 65
    5.10 *Spine extension* 67
    5.11 *Mermaid* 69
    5.12 Séries de lado I 71
    5.13 *Side kick* 73
    5.14 *Roll up* I 75
    5.15 Alongamento de isquiotibiais 78
    5.16 *Spine twist* I 80
    5.17 *One leg circle* 82
    5.18 *One leg stretch* I 84
    5.19 *One leg stretch* II 86

5.20 Flexibilização I 88
5.21 Gato 90
5.22 Flexibilização II 92

6 Exercícios para nível intermediário 95

6.1 *Stand balance* 95
6.2 Balançar II 98
6.3 *Shoulder bridge* 100
6.4 *Frog* – rã... 102
6.5 *Spine stretch* 104
6.6 *Hundred* I 106
6.7 *Double leg stretch* 108
6.8 *Chest lift* II... 110
6.9 *Bridge* II 112
6.10 *Half roll over* 114
6.11 *Roll over* I 116
6.12 *Half roll down* 119
6.13 *Swimming* 121
6.14 *Calf raises* 123
6.15 *Monkey* 125
6.16 *Breathing* I 127
6.17 *Twist* 129
6.18 Abdominais em bipedestação 131
6.19 Bipedestação 133
6.20 Bipedestação com abdução.. 135
6.21 *Teaser* I 137
6.22 *Leg pull back* I.. 139
6.23 *Leg pull front* II 142
6.24 Inversão total I 144
6.25 *Side bend* 147
6.26 *Arm circles* 149
6.27 *Swan dive* 151
6.28 *Rolling like a ball* 153
6.29 Abdominais sobre o joelho 155

6.30 Inclinação 157
6.31 Inclinação lateral... 159
6.32 *Roll up* II 161
6.33 *Criss cross*.. 163
6.34 Abdominais.. 166
6.35 *Leg pull front* III.. 168
6.36 Séries de lado II... 170

7 Exercícios para nível avançado 173

7.1 *Rocking reverse* 173
7.2 *Hundred* II... 175
7.3 *Roll over* II 177
7.4 *Teaser* II 180
7.5 *Scissors* 182
7.6 *Teaser* com giro de tronco.. 184
7.7 *Hip circles*... 186
7.8 *Angel* 189
7.9 *Leg pull back* II... 191
7.10 *Leg pull front* IV 193
7.11 Gato com oblíquos 195
7.12 Bipedestação com abertura zero 197
7.13 Bipedestaçao com giro de tronco 199
7.14 Elefante... 202
7.15 Cambalhota 204
7.16 Oblíquos.. 208
7.17 Oblíquos avançados... 210
7.18 Inversão total II.. 213
7.19 *Roll down* com extensão de tronco.. 215
7.20 *Breathing* II... 217
7.21 Abdominais avançados 219
7.22 *Rocking*.. 221
7.23 *Leg pull front* com oblíquos.. 222
7.24 *Swan reverse*.. 224
7.25 *Spine twist* II 226

7.26 *Neck pull* 230
7.27 *Morcego* 232
7.28 *Jacknife* 234
7.29 *Snack* 237

Bibliografia 239

Apêndice: alongamentos 241

PARTE 1

MÉTODO
PILATES AÉREO –
FUNDAMENTOS

INTRODUÇÃO AO MÉTODO PILATES

1.1 HISTÓRIA DO MÉTODO PILATES

Joseph Pilates nasceu em 1883, na cidade alemã de Mönchengladbach, perto de Düsseldorf. Era uma criança enferma, que sofria de asma, raquitismo e febre reumática. Sua determinação para superar essas enfermidades permitiu que ele se engajasse em diversas atividades físicas, como artes marciais, esgrima, técnicas circenses, técnicas de mergulho e esqui, tornando-se um grande atleta com interesse em estudar o corpo humano.

Mudou-se para a Inglaterra em 1912, para trabalhar como boxeador, instrutor de defesa pessoal da polícia civil inglesa, Scotland Yard, e como modelo vivo para aulas de anatomia. Quando eclodiu a Primeira Guerra Mundial, foi levado a um campo de concentração inglês em Leicester e, depois, à Ilha de Man. Ao atuar como enfermeiro para ajudar na reabilitação dos feridos, Pilates se deu conta da possibilidade de utilizar as camas hospitalares e outros artefatos (molas, lastros e cintos) para reabilitar e fortalecer os enfermos que ainda permaneciam deitados, o que facilitou o desenvolvimento dos primeiros protótipos dos aparelhos hoje conhecidos e contribuiu para a criação de seu método. Para aprimorar sua técnica, Joseph Pilates buscou conhecimento em técnicas ocidentais e orientais, como a *yoga*, a calistenia, uma técnica de ginástica grega que alia a beleza à força, a ginástica médica de P. H. Ling, as técnicas de fisiculturismo de Eugen Sandow, a pedagogia da dança de Rudolf Laban, entre outras.

Com base em todas essas informações, Pilates desenvolveu sua técnica que, inicialmente, levou o nome de Contrologia, definida como

> [...] o controle consciente de todos os movimentos musculares do corpo. É a correta utilização e aplicação dos princípios mecânicos que abrangem a estrutura do esqueleto, um completo conhecimento do mecanismo do corpo e uma compreensão total dos princípios de equilíbrio e gravidade, como nos movimentos do corpo durante a ação, no repouso e no sono. (Pilates, 2010, p. 43)

O método tinha um cunho indiscutível de individualidade. Pilates alternava os planos comuns de exercícios, aplicando cada um deles de acordo com as condições físicas de cada pessoa e revelando, assim, um método de trabalho próprio e impossível de se imitar, em razão das diversas influências sofridas ao longo dos estudos para aprimorar sua técnica.

Após a guerra, Pilates foi tentar a vida nos Estados Unidos e, durante a viagem de navio, conheceu Clara, uma enfermeira, que viria a ser sua esposa. Em 1926, foi inaugurado em Manhattan, Nova York, um estúdio para ensinar seu método. No prédio, havia academias de danças e, graças à qualidade de seu método, grandes nomes da dança e do teatro foram atraídos. Lá, ele começou a trabalhar com o equipamento que havia projetado para a reabilitação. As máquinas foram fabricadas por seu irmão Fred, que era carpinteiro; por isso, seguindo essa tradição, ainda hoje são produzidas em madeira e aço.

Joseph Pilates publicou dois livros: o primeiro em 1934, intitulado *Sua saúde: um sistema corretivo de exercício que revoluciona todo o campo da educação física (Your health: a corrective system of exercising that revolutionizes the entire field of physical education*), mostrando suas teorias e uma filosofia sobre saúde, higiene e exercício físico; o segundo em 1945, intitulado *Retorno à vida pela Contrologia (Return to Life through Contrology)*, um manual prático com 34 exercícios básicos para seus clientes praticarem em casa, sem a necessidade de máquinas.

Pilates faleceu em 1967, aos 87 anos de idade. De acordo com algumas biografias, seu falecimento foi em consequência de um incêndio em sua academia. Na tentativa de salvar seus equipamentos, Pilates inalou uma quantidade excessiva de gases tóxicos. Clara continuou seu trabalho até 1977, com sua aluna Romana Kryzanowska, quando veio a falecer.

Pilates não havia formado professores, mas algumas alunas, como Lolita San Miguel e Kathy Grant, foram oficialmente certificadas por ele na Universidade de Nova York. Carola Trier e Ron Fletcher foram os únicos que abriram estúdios de pilates com a aprovação de Clara ou de Joseph Pilates. Foram os alunos dessa segunda geração que contribuíram para a expansão do método por todo o mundo.

1.2 PRINCÍPIOS DO MÉTODO PILATES

Ainda que Joseph Pilates não tenha especificado os princípios de seu método em seus livros, é possível identificá-los claramente por meio dos seus textos. A lista de princípios pode variar segundo cada escola de Pilates, mas todas coincidem que há seis princípios fundamentais que formam parte da base de todos os exercícios.

Centro de energia

Compreende a faixa abdominal com seu segmento somático central e músculos, como oblíquos, quadrado lombar, psoas maior, transverso e reto abdominal. Está relacionado ao centro de gravidade do corpo. A localização desse ponto afeta as sensações produzidas no exercício, a dificuldade ou a facilidade na sua execução. As ações dos exercícios devem ocorrer mediante uma correta ativação do centro de energia. Joseph Pilates denominou-o *powerhouse*.

Respiração

No contexto do pilates, a respiração pode ser descrita como o combustível para o centro de energia. Cada exercício tem sua própria respiração adequada, que aumenta a consciência e o controle torácico, além de melhorar a conexão entre assoalho pélvico e diafragma.

Controle

O controle pode ser definido como a regulação de cada movimento durante a execução de determinada ação a um nível de consciência progressivo. Joseph Pilates denominou sua técnica como Contrologia, já que se trata de manter um controle consciente da mente sobre os movimentos realizados. Esse controle deve ser alcançado em todos os exercícios, pois evita lesões e melhora a coordenação motora e a agilidade.

Precisão

Todo exercício tem seu propósito específico e movimentos concretos que devem ser executados com precisão para serem eficazes. Quanto menos compensações forem feitas, maior será o efeito produzido sobre a memória neuromotora e a flexibilidade de cada segmento articular.

Concentração

Princípio básico para um bom trânsito do corpo e da mente durante a prática de cada exercício. A direção da atenção deve ter um objetivo único; devemos deixar de lado as preocupações e os pensamentos.

Fluidez

Determinada pela qualidade do movimento e pela sincronização muscular precisa. Os exercícios nunca devem ser realizados sem controle e de maneira brusca.

A forma com que cada pessoa integra esses princípios na prática do pilates e na vida diária é individual. Uma pessoa pode ter como foco a melhora de aspectos físicos ou do rendimento atlético; a melhora do tônus muscular; a recuperação de uma lesão ou a melhora de aspectos mentais, como ansiedade e estresse. Independentemente do foco de cada aluno, devemos transmitir a importância de executar cada exercício respeitando seus princípios básicos fundamentais. Algumas escolas consideram, ainda, outros princípios, como alinhamento, coordenação, resistência e alongamento, descritos no Capítulo 3 como benefícios do método pilates.

MÉTODO PILATES AÉREO

2.1 DEFINIÇÃO

Tendo como base o método pilates tradicional, o método pilates aéreo é uma técnica inovadora realizada em inversão gravitacional, permitindo uma oscilação entre fortalecimento e relaxamento. Assim como o método pilates tradicional, essa técnica tem como fundamento o centro abdominal, o *powerhouse*, usado como musculatura estabilizadora e geradora de energia para o movimento.

Indícios afirmam que a base dessa técnica surgiu primeiramente na Índia por praticantes de *yoga* e, posteriormente, foi desenvolvida e modificada por diversos profissionais, como o americano conhecido atualmente como Christopher Harrison que, em meados de 1990, descobriu a técnica denominada AntiGravity. Segundo Christopher Harrison, a antigravidade é utilizada para mudar a relação dinâmica com o chão, permitindo aos alunos entenderem melhor o próprio corpo e sua relação com a física. Atualmente, técnicas aéreas estão sendo praticadas com grande ênfase na Europa, na América Latina e nos Estados Unidos.

No método pilates aéreo, é usado um aparelho denominado colúmpio, composto por um tecido resistente com alças de apoio para mãos e pés em diferentes alturas e cordas de ajuste, possibilitando a adaptação ao ambiente ou à altura de cada aluno. Esse aparelho é dirigido unicamente para o método.

O pilates aéreo facilita a execução do exercício, tornando-o mais agradável e eficiente. As posturas aplicadas nesse método têm um risco muito baixo de lesão. Os exercícios podem ser praticados tanto por pessoas sedentárias que resolvem iniciar alguma atividade física quanto por atletas de ponta, como esportistas de diversas modalidades. Também podem ser direcionados para pessoas que apresentam dores musculares e desvios posturais e para pessoas que buscam manter ou, até mesmo, melhorar seu desempenho físico.

A maioria dos exercícios do repertório do pilates pode ser adaptada ao pilates aéreo. Todos apresentam uma versão modificada ou avançada e também se adaptam aos exercícios de solo e máquinas. Por gerarem menos riscos de lesões, auxiliam o aluno a obter sensação de segurança de forma mais rápida, além dos aspectos prazerosos resultantes dessa modalidade.

Joseph Pilates explicava que deveria existir uma conexão eficiente entre corpo e mente. O pilates aéreo tem essa função integrada com uma menor sensação de esforço e uma maior sensação de trabalho integral. A respiração é um fator-chave para um bom desenvolvimento da prática desse método. A correta execução de cada exercício consiste em coordenar cada movimento com a respiração adequada.

A realização regular de exercícios de pilates aéreo potencializará uma maior estabilidade de tronco e pelve, além de melhorar o movimento e o controle muscular sobre a coluna vertebral, prevenindo futuras lesões.

Quando trabalhamos com o método pilates aéreo, o aluno não tem que realizar os exercícios exatamente como são ou como foram aprendidos. Temos que resgatar o conceito do exercício para adaptá-lo às diferentes exigências do colúmpio. A potência da cinesioterapia baseada no método pilates está precisamente na possibilidade de usar o conjunto de exercícios e os conceitos para outras técnicas.

Conhecendo o amplo repertório do método pilates, temos a possibilidade de utilizar fragmentos de seus exercícios para a evolução das aulas. Diferentemente de outros métodos que limitam a criatividade, o método pilates permite experimentar novos movimentos, e graças a essa capacidade, atualmente, vem sendo adaptado a diferentes técnicas, como *yoga* aéreo, TRX Pilates, *Jukari fit to fly*, dentre outras.

2.2 PROGRAMAÇÃO E METODOLOGIA DAS SESSÕES

A lista de exercícios do método pilates aéreo contém mais de oitenta exercícios, facilitando ao professor/instrutor selecioná-los conforme as necessidades de cada aluno.

O enfoque principal do professor/instrutor para o pilates aéreo está em selecionar os exercícios mais adequados, bem como as sequências cinéticas gestuais, configurar um plano de ação com um primeiro nível adaptado às circunstâncias atuais do aluno, mas, também, com uma orientação clara para que ele possa avançar, e manter uma revisão continuada desse plano de exercícios.

Em uma sessão de pilates, os exercícios seguem uma ordem específica de progressão, de modo que os músculos se preparem para exercícios posteriores. Para compreender o exercício como um todo, necessitamos analisar cada movimento, podendo, assim, diferenciar regressões e progressões. Uma vez analisado, o movimento pode ser aplicado pelo professor de forma mais apropriada.

Com a prática regular desse método, o aluno será capaz de realizar exercícios tecnicamente complexos sem esforço. O segredo está na concentração, na precisão da execução e no controle de cada movimento. As repetições de cada exercício são baseadas na complexidade de cada um; assim, quanto mais complexo for o movimento, menos repetições serão necessárias e, quanto mais fácil, mais repetições serão necessárias. As mudanças de complexidade de cada exercício permitem que o aluno realize cada um deles com um alto nível de precisão e controle, recrutando os músculos realmente implicados no movimento.

Como muitos dos alunos que acessam centros de pilates não têm uma patologia diagnosticada, é imprescindível saber diagnosticar, observar e avaliar a biomecânica de cada um deles. Uma avaliação postural estática e dinâmica e da função muscular prévia do aluno facilita ao professor/instrutor a identificação de possíveis *deficit* de controle muscular, força e estabilidade articular, possibilitando um melhor planejamento do programa de exercícios. O objetivo da avaliação do movimento será determinar sua qualidade e identificar o padrão de recrutamento muscular e os padrões de movimentos deficientes.

2.3 BENEFÍCIOS*

A prática desse método melhora a postura corporal, a força, a flexibilidade e a percepção corporal. Também restabelece a função neuromuscular e o tônus muscular adequado e trabalha cada parte do corpo para devolver sua funcionalidade e obter um melhor rendimento. Para alcançar esses objetivos, a aula de pilates conta com uma combinação balanceada entre: fortalecimento e resistência muscular, flexibilidade, conscientização corporal, equilíbrio e coordenação motora. O desenvolvimento dessas capacidades garante aos praticantes benefícios como: redução do estresse e maior vitalidade, alinhamento postural, estimulação do sistema circulatório e melhora da oxigenação tecidual, prevenção e recuperação de lesões, alongamento e definição muscular, alívio de dores e sobrecargas musculares. Para os adeptos ao método, é uma experiência prazerosa, em razão de seus movimentos lentos e controlados, que exigem muita concentração e proporcionam um estado de relaxamento.

A principal diferença entre esse método e o tradicional é a possibilidade de realizar exercícios em inversão, uma característica que traz inúmeros benefícios. O aluno liberará todas as tensões musculares e da coluna vertebral, estimulará a produção de hormônios, bombeará e alongará os músculos e células, hidratará e mobilizará as articulações, alcançando uma sensação de realização no nível celular. Os efeitos terapêuticos poderão ser notados desde o primeiro dia de prática.

---
* O conteúdo desta seção foi elaborado por Amanda Moreira da Silva Reis.

Para que o método pilates aéreo tenha efeitos benéficos, são recomendadas duas sessões por semana, seja individual ou em grupo, e cada uma deve durar aproximadamente uma hora. Para que a prática desse método seja válida e eficaz, é indispensável a supervisão de um profissional qualificado, já que é a única forma de garantir que os exercícios sejam realizados de modo correto, evitando lesões e obtendo melhores resultados.

A seguir, veremos os principais benefícios do método pilates aéreo.

Melhora da qualidade da pele, cabelo e voz

Em razão do aumento do fluxo sanguíneo e da oxigenação no cérebro, a pele se torna mais macia, a voz, mais suave, e há uma melhora na nutrição capilar.

Melhora das circulações arterial, venosa e linfática

As posturas dirigem um volume de sangue arterial oxigenado para a cabeça, os órgãos do sentido e o cérebro. A contração da massa muscular, durante a postura inversa, comprime as veias profundas, bombeando o sangue para o coração e para os pulmões, que, purificado, volta novamente às articulações gerais, tonificando o organismo.

Melhora do movimento peristáltico

Os intestinos ficam numa posição de soltura, movendo-se livremente e aumentando o seu movimento peristáltico.

Melhora hormonal

A prática do método pilates aéreo atua terapeuticamente na melhora hormonal, aumentando o fluxo sanguíneo na região das glândulas salivares e da tireoide.

Melhora no estresse e na ansiedade

Em razão do trabalho mental, aumenta os vigores físico e mental, euforizantes, e acaba com a ansiedade. O aluno sente autodomínio, confiança e melhora dos estados de angústia.

A explicação desse benefício está na β-endorfina, o peptídeo opioide endógeno mais abundante, produto do processamento de OOMC na hipófise. Os efeitos fisiológicos desse peptídeo opioide são medidos pela sua ligação aos receptores dos opiáceos. Como tais receptores são expressos em múltiplos tipos de células no cérebro, bem como nos tecidos periféricos, seus efeitos são pleiotrópicos. As ações fisiológicas das endorfinas incluem analgesia, efeitos comportamentais e funções neuromoduladoras.

Descompressão do canal vertebral

Por meio da inversão, como o próprio nome diz, invertemos a ação da gravidade. Nessa situação, ocorre uma descompressão do canal vertebral, aliviando as estruturas nervosas, os discos intervertebrais e o sistema musculoesquelético. A inversão também melhora a postura, facilitando a respiração e reduzindo o estresse muscular.

A pressão intradiscal varia com a posição da coluna, sendo muito mais importante na região lombar, já que essa região suporta grande parte do peso corporal. A cintura pélvica e o sacro também são beneficiados.

Foco mental

Principal benefício do método. Definido como um trabalho de corpo e mente.

Estimulação da neuroplasticidade

A capacidade de adaptação do sistema nervoso, especialmente a dos neurônios, às mudanças nas condições do ambiente que ocorrem no dia a dia dos indivíduos chama-se neuroplasticidade, ou simplesmente plasticidade, um conceito amplo que se estende desde a resposta a lesões traumáticas destrutivas até às sutis alterações resultantes dos processos de aprendizagem e memória. Toda vez que alguma forma de energia proveniente do ambiente incide de algum modo sobre o sistema nervoso deixa nele alguma marca, isto é, modifica-o de alguma maneira. E, como isso ocorre em todos os momentos da vida, a neuroplasticidade é uma característica marcante e constante da função neural.

As estruturas cerebrais sensório-motoras são mais plásticas e têm maior habilidade de adaptação, podendo ser bastante modificadas por meio de exercícios. No decorrer do processo de aprendizagem motora, o conjunto dos diferentes níveis de comando é precisado, economizado e reestruturado. Movimentos que, no início do processo de aprendizagem, eram realizados com uma concentração consciente dos componentes espaciais, temporais e dinâmicos sofrem uma crescente automatização. Movimentos automáticos são efetuados nos níveis inferiores e, com isso, realizam-se inconscientemente, ou sem controle cerebral. Assim, o córtex cerebral é aliviado, podendo dedicar-se a outras tarefas ligadas à execução do movimento.

O hipocampo é uma região do lobo temporal medial responsável por alguns aspectos da neurobiologia da memória operacional, que, em conjunto com outras regiões corticais, é destinado a fornecer-nos dados para raciocinar e agir, armazenando por alguns segundos ou minutos algumas das informações que continuamente chegam ao sistema nervoso por meio dos sentidos ou por meio dos nossos próprios pensamentos.

Melhora da coordenação neuromuscular e da agilidade

Um dos fundamentos principais na realização dos exercícios do método pilates é a coordenação motora. As capacidades coordenativas são determinadas primeiramente por meio dos processos de controle e regulação do movimento. Elas habilitam o esportista a dominar ações motoras em situações previstas e imprevistas de forma segura e econômica e a aprender relativamente rápido os movimentos esportivos. Quanto mais complexo ou complicado for um movimento de uma sequência motora, maior será a importância das capacidades coordenativas. Uma melhora na capacidade coordenativa de desempenho age de forma positiva sobre diversos pontos da capacidade esportiva.

Uma adaptação ideal às alterações situacionais só é possível quando há uma experiência suficiente de movimentos, isto é, uma base suficiente de comparação sobre processos prévios de aprendizagem à disposição e, ainda, quando o processo de adaptação ocorre de forma suficientemente rápida e precisa, para que se consiga uma solução satisfatória. Por isso, é fundamental que o professor/instrutor realize um bom planejamento dos exercícios e suas progressões. Quanto melhor for a coordenação, mais fácil será para o esportista ter reações rápidas e objetivas em situações inesperadas, evitando quedas.

No método pilates, a intenção controlada do movimento é um processo gradual e é vista como a construção de níveis de controle com o objetivo de realizar um movimento natural e coordenado.

Melhora da flexibilidade muscular e articular

Com estímulos intensivos e constantes de alongamento, a fibra muscular se adapta morfologicamente mediante uma multiplicação do número de sarcômeros. Ao contrário, quando o músculo é mantido em uma posição encurtada por um longo período de tempo, como no caso de uma sobrecarga muscular unilateral no esporte ou na imobilização após fraturas, ocorre uma redução do número de sarcômeros das fibras musculares.

Músculos flexíveis podem melhorar o desempenho diário de atividades funcionais e tornar os exercícios de pilates mais fáceis de serem executados com menos esforço. A melhora da flexibilidade articular diminui drasticamente a possibilidade de lesão e alterações posturais.

Tonificação muscular

Para maximizar os benefícios quanto aos músculos, o aluno deve ir superando pouco a pouco as diferentes fases dos exercícios. É importante levar em conta que o aluno só obterá os benefícios numerados anteriormente com uma prática continuada do método pilates aéreo.

2.4 CONTRAINDICAÇÕES

A maioria das contraindicações são relativas e estão diretamente relacionadas ao movimento de inversão. Em razão da escassez de dados e de literatura sobre esse método, encontramos apenas alguns casos em que o método é contraindicado:

- Hipertensão arterial (HTA).
- Hipertensão ocular.
- Desprendimento de retina.
- Doenças cardiovasculares graves (doenças coronárias).
- Glaucoma.
- Gestação (apenas exercícios de inversão são contraindicados nesse caso).
- Epilepsia.
- Doenças agudas.
- Neoplasia.
- Malformações vertebrais e vasculares.
- Artrite inflamatória ativa.
- Insuficiência vertebrobasilar.
- Espondiloartropatia avançada.
- Prótese articular.

EQUIPAMENTO DO MÉTODO PILATES AÉREO

3.1 COLÚMPIO

O método pilates aéreo, diferentemente de outras técnicas do método pilates, tem como seu principal objeto de trabalho o colúmpio. Esse equipamento é composto por um tecido resistente que permite a adequação às necessidades exigidas em cada exercício. O equipamento deve ser fixado no teto, em uma barra ou em outra estrutura que suporte o peso de vários alunos. Depois de instalá-lo, o profissional deverá respeitar uma distância mínima de um metro de cada lado, facilitando a realização dos diversos exercícios. A altura do teto é irrelevante, pela possibilidade de regulagem em diferentes pontos da corda de ajuste; mas, para a realização da maioria dos exercícios, o colúmpio deve estar em uma altura que permita o aluno estar sentado com uma tríplice flexão de 90° e os pés apoiados no chão.

Atualmente, encontramos, no mercado internacional, várias possibilidades de tecidos para esse equipamento. As diferenças encontradas estão nos componentes elásticos dos diversos tecidos. Se a elasticidade, por um lado, favorece a melhor adequação do aluno na realização de técnicas de relaxamento e de *yoga*, por outro lado, dificulta a estabilização do centro de energia e das cinturas pélvica e escapular no caso do aluno praticante do método pilates aéreo.

O colúmpio favorece o trabalho segmental, ou seja, o exercício de uma zona específica do corpo sem que comprometa outra. Além do trabalho segmental, também permite o alongamento dos músculos. Diferentemente dos outros acessórios de pilates, o colúmpio se adapta às necessidades do aluno em cada exercício.

Em razão da versatilidade do equipamento, o aluno pode realizar a técnica em qualquer ambiente – interno ou externo – que possibilite o seu uso.

Seus componentes são: alças pequenas, alças médias, alças grandes, corda com ajustes, entre outros detalhes que diversificam o trabalho com esse equipamento.

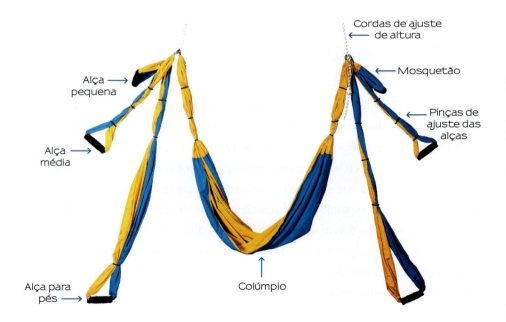

3.2 PRECAUÇÕES NO USO DO COLÚMPIO

Os exercícios de pilates aéreo devem ser realizados sempre na presença de um professor/instrutor do método pilates. Para evitar possíveis acidentes, também é necessário estar seguro de que a instalação do equipamento foi bem realizada e de que o colúmpio esteja bem fixo às cordas de ajuste.

Para uma melhor adaptação ao método, os exercícios com o colúmpio devem ser introduzidos pouco a pouco, de modo a passar o máximo de segurança do sistema ao aluno. É importante saber que, para a realização dessa técnica, o aluno não deve padecer de nenhuma enfermidade aguda.

ASPECTOS ANATÔMICOS RELEVANTES NOS EXERCÍCIOS DO MÉTODO PILATES AÉREO

4

A realização correta dos exercícios é fundamental para a melhora da coordenação e do trabalho mente-corpo. A progressão dos exercícios deve ser realizada fielmente aos princípios básicos do método pilates. Neste capítulo, definiremos e revisaremos brevemente alguns aspectos anatômicos importantes que aparecerão na realização dos exercícios do método pilates aéreo.

4.1 POSIÇÃO NEUTRA DE PELVE E COLUNA

A posição neutra da pelve é quando as EIAS (espinhas ilíacas anterossuperiores) se encontram paralelas ao plano transverso. As alterações que encontraremos, sejam posturais ou na realização dos exercícios, será uma anteversão pélvica, quando as EIAS se movem anteriormente e a sínfise púbica, posteriormente, aumentando a lordose lombar, ou uma retroversão pélvica, quando as EIAS se movem posteriormente e a sínfise púbica, anteriormente. Trabalhar todas essas posições pélvicas é fundamental na iniciação no método pilates, uma vez que facilitarão seu entendimento e a realização de futuros exercícios. Os movimentos de inclinação lateral ou báscula servirão para a estabilização em posições de decúbito lateral. Se o aluno conseguir manter a coluna em posição neutra ou reta, automaticamente manterá a pelve neutra.

Muitos alunos se equivocam ao crer que a postura da coluna reta é uma postura retificada, na qual não existem curvaturas. O papel fundamental do professor/instrutor é explicar, por meio do uso de imagens, que a coluna reta se refere à presença das suas curvaturas naturais. A vista lateral da coluna vertebral revela quatro curvaturas, duas anteriores e convexas nas regiões cervical e lombar, denominadas lordose, e duas posteriores e côncavas nas regiões torácica e sacrococcígea, denominadas cifose.

Essas curvaturas podem acentuar-se com a mudança do centro de gravidade, como na gravidez, com o aumento ou a diminuição de peso ou em caso de lesão.

4.2 MOVIMENTOS ESCAPULARES

Os movimentos escapulares são: elevação, depressão, protração ou abdução, retração ou adução, rotação cranial ou superior e rotação caudal ou inferior. O método pilates aéreo dá ênfase a dois movimentos específicos. Um deles é a protração, realizada pelo músculo serrátil anterior com as margens mediais movendo-se para longe da linha média em até 15 cm. Esse movimento também é chamado de abdução da escápula. O outro é a retração, realizado pelos músculos trapézio, parte transversa e romboides. Nesse movimento, também chamado de adução, as margens mediais da escápula aproximam-se da linha média.

Nos exercícios de pilates, as escápulas funcionam como um ponto de referência para a estabilização da parte superior do tronco e devem estar em posição neutra ou estabilizada. Para que o exercício funcione de forma correta, é necessária a ativação dos músculos estabilizadores e mobilizadores da escápula na ordem correta. O aluno adquire essa capacidade com treinamentos específicos para estabilização escapular. É importante que ele saiba diferenciar todos os movimentos escapulares, para ter uma melhor conscientização corporal na hora de realizar os exercícios. Quando adicionamos um movimento de membro superior simultaneamente a uma estabilização escapular, dificultamos sua execução. É importante saber que o aluno realizará movimentos compensatórios mediante a uma dificuldade ou incapacidade articular e muscular. Uma das compensações será a elevação de ombros em direção às orelhas juntamente com uma elevação escapular.

Exemplo de como treinar a estabilização escapular: o aluno deve estar posicionado em pé, com braços em flexão de 90°. Ao inspirar, ele deve imaginar que alguém está puxando seus braços à frente, separando as escápulas; ao expirar, deve imaginar que alguém está empurrando seus braços para trás, unindo as escápulas. Esse mesmo movimento pode ser realizado em diferentes posturas, como decúbito ventral, posição de gato ou quatro apoios.

4.3 ASSOALHO PÉLVICO

Os músculos do assoalho pélvico têm importantes funções na estabilização pélvica: sustentar os órgãos pélvicos, controlar a continência na vida sexual e, principalmente, sustentar pressões intra-abdominais. Muitos instrutores aplicam o trabalho do assoalho pélvico em todos os exercícios de forma preventiva.

Originalmente, Joseph Pilates não incorporou o assoalho pélvico ao seu método de trabalho. Foi recentemente que algumas escolas de pilates acrescentaram esse grupo muscular ao método de ensino. A literatura recente indica que o assoalho pélvico é fundamental para a força e a estabilidade do centro de força, uma vez que constitui a base do *core* interno.

A contração simultânea entre o diafragma, o assoalho pélvico e os músculos abdominais, principalmente o músculo transverso do abdome, aumenta a estabilidade da coluna. Se o centro de força estiver sendo utilizado da forma correta, os membros devem se mover de forma mais coordenada e sem compensações, com a pelve e a coluna na posição desejada durante a movimentação dos membros ou do corpo inteiro no espaço.

4.4 MOVIMENTOS CERVICAIS

Os movimentos da coluna cervical incluem flexão, extensão, inclinação lateral direita e esquerda, rotação direita e esquerda. É importante estabilizar o tronco para que o movimento não se produza na coluna dorsal. Esses movimentos geralmente são avaliados por grados, mas, em uma classe, a alteração pode ser medida visualmente. No caso em que uma flexão esteja limitada, ela pode ser medida pela distância que falta para o queixo tocar o peito.

Nos movimentos de flexão e extensão, acontece um deslizamento da vértebra superior sobre a inferior em razão da espessura do disco vertebral. O núcleo pulposo se desliza posteriormente na flexão e anteriormente na extensão. O limite do movimento de flexão cervical é dado pela tensão ligamentar e muscular das estruturas que se encontram atrás do eixo do movimento, ao passo que, na extensão cervical, está limitado pelo contato ósseo das apófises espinais.

Na execução dos exercícios, a cabeça deve estar sempre em uma posição alongada, com o queixo alinhado com o tronco. O aluno deve imaginar que alguém está tentando puxar sua cabeça em direção ao teto.

4.5 USO DO *POWERHOUSE* OU CENTRO DE FORÇA

O *powerhouse* ou centro de força foi situado por pilates na parte inferior do tronco como uma faixa que rodeia toda a zona lombar e abdominal, incluindo músculos abdominais, lombares, glúteos e assoalho pélvico, fazendo referência principal, mas não exclusiva, ao músculo transverso do abdome. O *powerhouse* é a chave do método para alcançar o fortalecimento evitando movimentos compensatórios. Todos os movimentos se iniciam desde essa zona e, portanto, sua utilização deve estar sempre presente durante a prática dos exercícios. Por meio da contração rítmica e conjunta dessa musculatura no momento da expiração, tônus e força intrínseca são gerados para atuar conjuntamente, diminuindo a pressão e a estabilização do tronco.

4.6 POSIÇÃO EM PÉ

Posicionado em pé, o aluno deve ter igual distribuição de peso em ambos os pés, evitar movimentos compensatórios de ombros, escápulas e zona cervical. O olhar deve estar em direção à frente.

4.7 PADRÃO RESPIRATÓRIO

Respirar corretamente faz nossos órgãos estarem bem oxigenados. O padrão respiratório ideal para a realização do método pilates é inspirar pelo nariz, assegurando que a zona apical do pulmão não se expanda; o ar deve entrar na base do pulmão, dirigindo-se para a zona lateral das costelas. Esse padrão ajudará a ativação do centro de força. Se a respiração usada durante o exercício for correta, alguns músculos que necessitem diminuir a tensão se relaxarão, para evitar padrões biomecânicos incorretos.

4.8 ATIVAÇÃO DO MÚSCULO TRANSVERSO DO ABDOME

Para localizar o músculo transverso do abdome, posicione os dedos entre as EIAS com a coluna neutra. Inspire e, ao expirar, faça um movimento semelhante ao de sucção, ou como se estivesse fechando o zíper de uma calça apertada, elevando os músculos do assoalho pélvico. O movimento que você sentirá no dedo deve ser em direção ao chão. Caso contrário, estará utilizando os músculos oblíquos do abdome.

PARTE 2

EXERCÍCIOS ILUSTRADOS

EXERCÍCIOS PARA NÍVEL BÁSICO

5.1 COMO SUBIR AO COLÚMPIO

Posição inicial: Em pé, com abdução de 90° de braços e cotovelos. Pés separados na largura dos quadris. Coluna reta. Escápulas estabilizadas. Cabeça alongada e alinhada com o tronco. Pelve neutra.

Exercício:

Inspire:
Mantenha a posição inicial.

Expire:
Dê um pequeno salto para aquecer. Repita três vezes e, na última vez, ao saltar, sente-se sobre o colúmpio.

Erros mais comuns:

1. Desestabilizar a cintura escapular, elevando os ombros em direção às orelhas.
2. Realizar uma hiperextensão cervical.
3. Desativar o *powerhouse*, relaxando a musculatura abdominal profunda.
4. Desestabilizar o assoalho pélvico.

Observação:

✓ Não necessariamente o aluno deve realizar um salto para sentar-se sobre o colúmpio. Pode-se ajustar o colúmpio a diferentes alturas, conforme o objetivo de cada sessão.

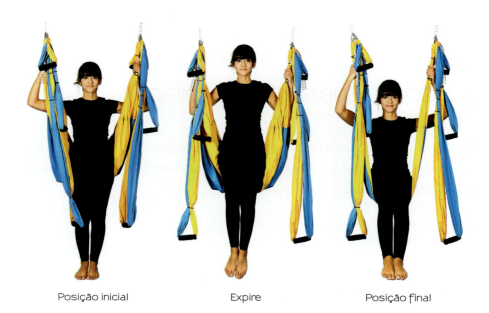

Posição inicial   Expire   Posição final

5.2 COMO POSICIONAR-SE EM DECÚBITO LATERAL E VENTRAL SOBRE O COLÚMPIO

Posição inicial: Sentado sobre o colúmpio com o tronco e a cabeça virados para um lado. Mãos segurando o colúmpio. Joelhos em flexão. Pés em flexão plantar. Coluna reta.

Exercício:

Inspire:
Mantenha a posição inicial.

Expire:
Comece a inclinar o tronco desde a zona lombar até cabeça e realize um giro de pelve, até posicionar-se em decúbito lateral ou ventral, apoiando as mãos no chão.

Erros mais comuns:

1. Desestabilizar a cintura escapular, realizando uma retração escapular ou uma elevação de ombros.
2. Desestabilizar o assoalho pélvico.
3. Realizar uma hiperextensão cervical.
4. Não ativar o músculo transverso do abdome ao expirar.

Observações:

- ✓ Manter pés, joelhos, pelve e cabeça alinhados na postura final, seja esta em decúbito ventral ou lateral.
- ✓ O colúmpio deve estar totalmente aberto para permitir um maior apoio do tronco e da pelve.

Posição inicial: inspire   Expire

Expire

Exercícios para nível básico 51

Posição final: decúbito lateral

Posição final: decúbito ventral

5.3 RESPIRAÇÃO

Posição inicial: Sentado no colúmpio com o corpo posicionado para o lado e uma perna de cada lado do tecido. Coluna reta e apoiada sobre os ísquios. Mãos apoiadas sobre a zona costal. Pernas em abdução e pés unidos pela zona plantar. Pelve neutra. Escápulas estabilizadas. Cabeça alongada e alinhada com o tronco.

Exercício:

Inspire:
Direcione o ar para a zona das mãos.

Expire:
Contraia o abdome levando o umbigo em direção às vértebras, ativando a musculatura abdominal profunda e o assoalho pélvico. Repita três vezes.

Erros mais comuns:

1. Desestabilizar a cintura escapular, realizando uma retração escapular ou uma elevação de ombros.
2. Não manter a coluna reta.
3. Realizar uma hiperextensão cervical.
4. Não ativar o músculo transverso do abdome. Ao expirar, o aluno deve notar um curvatura na parte inferior do abdome.
5. Realizar um padrão respiratório invertido, no qual, ao inspirar, o aluno levará o umbigo em direção às vértebras e, ao expirar, o abdome se expandirá.
6. Realizar um padrão de movimento anormal com predomínio da zona abdominal ou da respiração apical.

Exercícios para nível básico 53

Variações:

- Mudar a posição dos pés, apoiando-os no chão.
- Trabalhar outras zonas respiratórias para uma percepção corporal correta.

Observações:

✓ Executar esse exercício ajudará o aluno a estabilizar a cintura escapular em outros exercícios.
✓ Uma das razões para usar esse padrão respiratório é que ele ajuda a manter a contração abdominal na execução dos exercícios de pilates.
✓ Na inspiração, deve haver expansão da caixa torácica na base do pulmão e na expiração, relaxamento do esterno e fechamento da caixa torácica.

Posição final

Mobilização da cintura escapular com braços em flexão de 90°. Realizar movimentos de protração e retração escapular, para que o aluno seja capaz de diferenciar movimentos errôneos durante a realização dos exercícios.

5.4 BALANÇAR I

Posição inicial: Sentado sobre o colúmpio com os pés apoiados no chão. Mãos segurando o colúmpio. Cabeça alongada e alinhada com o tronco. Escápulas estabilizadas.

Exercício:

Inspire:
Empurre o colúmpio para trás.

Expire:
Balance o colúmpio, até que ele pare.

Erros mais comuns:

1. Desesativar o *powerhouse*, relaxando a musculatura abdominal profunda.
2. Desestabilizar a cintura escapular, elevando os ombros em direção às orelhas.
3. Não manter a coluna reta.
4. Realizar uma hiperextensão cervical.
5. Realizar uma hiperextensão lombar que poderá ser verificada no movimento de anteversão pélvica.
6. Desestabilizar o assoalho pélvico.

Exercícios para nível básico 55

Posição inicial: inspire   Expire

Expire

5.5 ALONGAMENTO DE UMA PERNA

Posição inicial: Sentado sobre o colúmpio com a coluna reta. Braços em abdução de 90°. Uma perna com extensão de joelho e o pé em flexão plantar; a outra perna com flexão de joelho em 90° e o pé em flexão plantar. Pelve neutra. Escápulas estabilizadas.

Exercícios:

Inspire:
Realize uma flexão de joelho de 90° com a perna direita.

Expire:
Estenda a outra perna paralela ao chão, com os pés em flexão plantar.

Erros mais comuns:

1. Desestabilizar a cintura escapular, elevando os ombros em direção às orelhas.
2. Realizar uma retroversão pélvica.
3. Desativar o *powerhouse*, relaxando a musculatura abdominal profunda.
4. Desestabilizar o assoalho pélvico.
5. Realizar uma hiperextensão cervical.

Observações:

✓ O exercício pode potencializar-se, caso o aluno realize uma flexão dorsal do pé.
✓ As pernas devem estar paralelas ao chão.
✓ Esse exercício exige uma boa flexibilidade da cadeia muscular posterior.

Exercícios para nível básico 57

Posição inicial

Posição final

5.6 ALONGAMENTO DE PERNAS

Posição inicial: Sentado sobre o colúmpio com a coluna reta. Abdução de braços de 90°. Flexão de pernas de 90° e extensão de joelhos com os pés em flexão plantar. Cabeça alongada e alinhada com o tronco. Escápulas estabilizadas. Pelve neutra.

Exercício:

Inspire:
Mantenha a posição inicial.

Expire:
Flexione os joelhos a 90°, mantendo a flexão plantar.

Erros mais comuns:

1. Desestabilizar a cintura escapular, elevando os ombros em direção às orelhas.
2. Compensar o movimento de extensão de joelhos com uma retroversão pélvica.
3. Desativar o *powerhouse*, relaxando a musculatura abdominal profunda.
4. Desestabilizar o assoalho pélvico.
5. Realizar uma hiperextensão cervical.

Observações:

- ✓ O exercício pode potencializar-se, caso o aluno realize uma flexão dorsal do pé.
- ✓ As pernas devem estar paralelas ao chão.
- ✓ Esse exercício exige uma boa flexibilidade da cadeia muscular posterior.

Exercícios para nível básico 59

Posição inicial

5.7 BRIDGE I

Posição inicial: Deitado em decúbito dorsal com a pelve neutra. Joelhos flexionados com os pés apoiados nas alças de pé, na largura dos quadris. Braços apoiados no chão ao lado do corpo com a palma da mão para baixo. Cabeça alongada e alinhada com o tronco.

Exercício:

Inspire:
Mantenha a posição inicial.

Expire:
Realize uma retroversão pélvica. Erga o tronco do chão progressivamente, começando pelo sacro, zona lombar e terminando pela zona dorsal, articulando e flexionando vértebra por vértebra. Pressione o chão com ambos os braços.

Inspire:
Mantenha o tronco elevado.

Expire:
Comece a baixar o tronco apoiando vértebra por vértebra ao chão, começando pela zona dorsal e, por último, o sacro, realizando uma retroversão pélvica antes de apoiar os glúteos. Termine com a pelve em posição neutra.

Erros mais comuns:

1. Desativar o *powerhouse*, relaxando a musculatura abdominal profunda.
2. Não manter os pés alinhados, permitindo que um dos pés ultrapasse o outro.
3. Relaxar os glúteos, permitindo o abaixamento da pelve.

4. Realizar uma hiperextensão cervical.
5. Não manter o alinhamento postural entre ombros, pelve e joelho, realizando uma hiperextensão lombar.
6. Abduzir ou aduzir os joelhos.
7. Desestabilizar a cintura escapular, realizando uma rotação interna de ombros em razão do excesso de trabalho do tríceps.
8. Realizar um giro de tronco ou pelve.
9. Realizar uma elevação de tronco excessiva, apoiando apenas a parte superior das escápulas ou da zona cervical baixa e comprometendo, assim, suas estruturas.
10. Elevar o tronco muito rápido sem flexionar vértebra por vértebra, realizando o exercício em um único bloco.
11. Desestabilizar o assoalho pélvico.

Variações:

- Com os joelhos em extensão.
- Com flexão de braços de 90° e mãos em direção ao teto. Essa variação deve ser feita no caso de o aluno não conseguir estabilizar a cintura escapular, exagerando no trabalho do tríceps braquial.

Observações:

✓ Durante o movimento, direcionar os joelhos à frente e pressionar os braços contra o chão, com a intenção de facilitar a estabilização escapular.
✓ Esse exercício ajuda a aprender como ativar os músculos profundos do assoalho pélvico e do músculo transverso do abdome, além de como flexibilizar a coluna.

Posição inicial: inspirePosição final: inspire

Variação

5.8 CHEST LIFT I

Posição inicial: Deitado em decúbito dorsal com a pelve neutra. Mãos atrás da cabeça. Joelhos flexionados com os pés apoiados sobre as alças de pé, na largura dos quadris. Cabeça alongada e alinhada com o tronco. Escápulas estabilizadas.

Exercício:

Inspire:
Mantenha a posição inicial.

Expire:
Conecte (feche) as costelas, ao mesmo tempo que inicia uma elevação de cabeça e de tronco.

Inspire:
Volte à posição inicial.

Erros mais comuns:

1. Desestabilizar a cintura escapular, subindo os ombros em direção às orelhas ou realizando um movimento de rotação interna de ombros.
2. Desativar o *powerhouse*, relaxando a musculatura abdominal profunda.
3. Realizar uma hiperextensão ou flexão cervical excessiva, apoiando o queixo no peito.
4. Desestabilizar o assoalho pélvico.
5. Aduzir braços ou joelhos durante o exercício, perdendo o alinhamento dos cotovelos com as orelhas e dos joelhos com a pelve.
6. Realizar o exercício em apneia.
7. Subir o tronco com impulso.
8. Realizar um movimento de rotação pélvica.

Variações:

- Com giro de tronco.
- Com as mãos ao lado do corpo.
- Com os braços cruzados no peito.
- Com os joelhos em extensão.

Observações:

✓ Se elevarmos o tronco, mantendo a pelve neutra em vez de realizar uma ligeira retroversão pélvica, será necessária uma contração mais potente dos músculos abdominais e extensores de coluna.
✓ Na posição final do exercício, manter a cabeça alinhada com o tronco e focar em utilizar os músculos abdominais para dirigir a zona anteroinferior do tronco em direção à parte anterior da pelve.
✓ Com esse exercício, o aluno aprenderá a recrutar de forma efetiva os músculos abdominais para aumentar sua força e melhorar seu uso em exercícios mais avançados.

Posição inicial: inspire   Posição final: expire

5.9 LEG PULL FRONT I

Posição inicial: Deitado em decúbito ventral sobre o colúmpio. Mãos apoiadas no chão, paralelas aos ombros. Cabeça alongada e alinhada com o tronco. Pés em flexão plantar. Pelve neutra. Escápulas estabilizadas.

Exercício:

Inspire:
Mantenha a posição inicial.

Expire:
Estenda uma perna em direção ao teto, realizando uma extensão pélvica.

Inspire:
Volte à posição inicial.

Expire:
Estenda a outra perna.

Inspire:
Volte à posição inicial.

Erros mais comuns:

1. Desestabilizar a cintura escapular, realizando uma retração escapular.
2. Desestabilizar a pelve, realizando uma rotação pélvica.
3. Realizar uma hiperextensão cervical.
4. Desestabilizar o assoalho pélvico.
5. Desativar o *powerhouse*, relaxando a musculatura abdominal profunda.
6. Realizar uma hiperextensão lombar.

Observações:

- ✓ A amplitude de movimento dependerá da capacidade do aluno de manter a estabilização pélvica durante o movimento.
- ✓ Nesse exercício, a estabilização escapular é fundamental.
- ✓ Realizado sobre o colúmpio, o exercício oferece um maior apoio na zona pélvica, facilitando a estabilidade durante o movimento.

5.10 SPINE EXTENSION

Posição inicial: Deitado em decúbito ventral com a pelve em retroversão. Pernas em extensão e abdução na largura dos quadris. Mãos cruzadas ao lado da cabeça. Escápulas estabilizadas. Cabeça alongada e alinhada com o tronco. Pés em flexão plantar e em ligeira rotação externa.

Exercício:

Inspire:
Mantenha a retroversão pélvica, levando a púbis em direção ao colúmpio e mantendo uma forte contração de glúteos.

Expire:
Alongue a cabeça em direção à frente e ao teto e eleve o tronco, realizando um movimento sequencial.

Inspire:
Volte à posição inicial.

Erros mais comuns:

1. Realizar uma hiperextensão cervical.
2. Desestabilizar a cintura escapular, elevando os ombros em direção às orelhas ou realizando uma retração escapular.
3. Desativar o *powerhouse*, relaxando a musculatura abdominal profunda.
4. Realizar uma hiperextensão lombar.
5. Aduzir os braços.
6. Desestabilizar o assoalho pélvico.

Observações:

- ✓ A amplitude de movimento dependerá da capacidade do aluno de manter a estabilização da cintura escapular e do *powerhouse* durante o movimento.
- ✓ Durante o movimento, é necessária uma boa ativação dos músculos abdominais, limitando a anteversão pélvica.
- ✓ Esse exercício busca fortalecer os músculos extensores da coluna.

Posição inicial: inspire

Posição final: expire

5.11 MERMAID

Posição inicial: Sentado no colúmpio, com a coluna reta e apoiada sobre os ísquios. Mãos ao lado do corpo. Tríplice flexão de pelve, joelho e tornozelo. Cabeça alongada e alinhada com o tronco. Escápulas estabilizadas.

Exercício:

Inspire:
Mantenha a posição inicial.

Expire:
Incline o tronco e, ao mesmo tempo, abduza o braço, passando-o por cima da cabeça. O movimento deve ser um alongamento em direção ao teto e ao lado contrário.

Inspire:
Volte à posição inicial.

Expire:
Realize o mesmo movimento para o outro lado.

Erros mais comuns:

1. Desestabilizar a cintura escapular, elevando os ombros em direção às orelhas.
2. Desestabilizar o assoalho pélvico.
3. Desativar o *powerhouse*, relaxando a musculatura abdominal profunda e permitindo a elevação de glúteos do colúmpio, ou realizando uma retroversão pélvica.

Posição inicial: inspire

Expire

Inspire

Expire

5.12 SÉRIES DE LADO I

Posição inicial: Decúbito lateral sobre o colúmpio. Pelve neutra. Joelhos em extensão, com os pés em flexão plantar. Braços em abdução de 90° e cotovelos em flexão, apoiando as mãos na cabeça. Cabeça alongada e alinhada com o tronco. Escápulas estabilizadas.

Exercício:

Inspire:
Mantenha a posição inicial.

Expire:
Realize uma abdução de perna.

Inspire:
Volte à posição inicial.

Erros mais comuns:

1. Realizar uma hiperextensão ou lateralização cervical.
2. Desestabilizar a cintura escapular, elevando os ombros em direção às orelhas.
3. Desativar o *powerhouse*, relaxando a musculatura abdominal profunda.
4. Realizar uma hiperextensão lombar.
5. Aduzir os braços.
6. Perder a posição neutra da pelve.
7. Desestabilizar o assoalho pélvico.
8. Realizar uma rotação externa de perna em vez de um movimento de abdução.

Variação:

- Realizar pequenos círculos, tanto quanto seja possível manter a pelve neutra.

Observações:

✓ A amplitude de movimento dependerá da capacidade do aluno de manter a estabilização pélvica durante o movimento.
✓ Evitar deslocamentos anteriores ou posteriores de pelve durante o movimento de abdução de perna.

Posição inicial   Posição final: expire

Variação

5.13 SIDE KICK

Posição inicial: Decúbito lateral, com a pelve neutra. Joelhos em extensão, com os pés em flexão plantar. Braços em abdução de 90° e cotovelos em flexão, apoiando as mãos na cabeça. Cabeça alongada e alinhada com o tronco. Pernas em abdução.

Exercício:

Inspire:
Realize uma flexão de pelve da perna que está acima, levando o pé para a frente em flexão dorsal.

Expire:
Realize uma extensão de pelve da perna que está acima, com o pé em flexão plantar, tanto quanto seja possível manter a pelve neutra.

Erros mais comuns:

1. Realizar uma hiperextensão cervical.
2. Desestabilizar a cintura escapular, elevando os ombros em direção às orelhas.
3. Desativar o *powerhouse*, relaxando a musculatura abdominal profunda.
4. Realizar uma hiperextensão lombar.
5. Aduzir os braços.
6. Perder a posição neutra da pelve.
7. Desestabilizar o assoalho pélvico.

Variação:

- Braços em abdução de 90°.

Observações:

- ✓ A amplitude de movimento dependerá da capacidade do aluno de manter a estabilização pélvica durante o movimento.
- ✓ O movimento deve ser reto. O aluno deve imaginar que está desenhando uma linha reta com a perna de cima.

Posição inicial   Inspire

Expire

5.14 ROLL UP I

Posição inicial: Deitado em decúbito dorsal com a pelve neutra. Pernas em extensão e abdução na largura dos quadris. Braços em flexão e abdução na largura dos ombros, o suficiente para manter uma boa estabilidade abdominal. Pés em flexão plantar. Escápulas estabilizadas.

Exercício:

Inspire:
Realize uma extensão de braços de 90°, até que os braços fiquem em posição vertical, com os dedos em direção ao teto.

Expire:
Realize uma flexão sequencial de tronco, vértebra por vértebra, desde a cabeça até a pelve, e continue alongando o tronco em direção aos pés até que os dedos alcancem um ponto acima dos pés.

Inspire:
Deixe a pelve em posição neutra, realizando uma extensão sequencial e progressiva de tronco desde o sacro até a cabeça, mantendo uma posição reta da coluna.

Expire:
Realize uma retroversão de pelve e flexione o tronco sequencialmente desde o sacro até a cabeça, apoiando vértebra por vértebra. Simultaneamente, leve os braços em flexão completa.

Erros mais comuns:

1. Realizar o exercício em apneia, aumentando a pressão intra-abdominal.
2. Desestabilizar a cintura escapular, elevando os ombros em direção às orelhas.
3. Dar um impulso excessivo com os braços, não realizando uma flexão de tronco controlada.

4. Desestabilizar o assoalho pélvico.
5. Realizar uma hiperextensão cervical.
6. Desativar o *powerhouse* utilizando a força do músculo psoas maior, permitindo uma elevação das pernas.
7. Apoiar o queixo no tronco.
8. Realizar o exercício em bloco sem articular as vértebras.

Variações:

- Separar o exercício em partes conforme as necessidades de cada aluno.
- Aumentar ou diminuir a altura do colúmpio, facilitando ou dificultando o exercício.
- Segurar uma *fitball* (acessório de pilates) nas mãos, para facilitar o exercício.

Observações:

✓ Para manter a posição correta da cabeça, o aluno deve imaginar que está segurando uma bola pequena debaixo do queixo.
✓ A flexão de braços na posição inicial dependerá da capacidade do aluno de manter a estabilidade do *powerhouse* com a ativação do músculo transverso do abdome e a conexão das costelas no nível diafragmático.

Posição inicial   Inspire

Exercícios para nível básico 77

Expire

Expire

Posição final: inspire

Expire

Expire

Expire

5.15 ALONGAMENTO DE ISQUIOTIBIAIS

Posição inicial: Deitado em decúbito dorsal com a pelve neutra. Braços apoiados no chão ao lado do corpo, com a palma da mão para baixo. Joelhos em extensão com os pés em flexão plantar apoiados sobre as alças de pés.

Exercício:

Inspire:
Mantenha a posição inicial.

Expire:
Realize uma flexão dorsal de pés.

Erros mais comuns:

1. Desestabilizar o assoalho pélvico.
2. Elevar a pelve.
3. Desestabilizar a cintura escapular, elevando os ombros do chão.
4. Desativar o *powerhouse*, relaxando a musculatura abdominal profunda.
5. Realizar uma hiperextensão cervical.

Variação:

- Elevar o tronco progressivamente, desde a cabeça até o ângulo inferior da escápula.

Exercícios para nível básico

Posição final

5.16 SPINE TWIST I

Posição inicial: Sentado sobre os ísquios com a coluna reta. Braços em abdução de 90° e rotação interna. Pés em flexão dorsal. Pelve neutra. Escápulas estabilizadas. Pernas em extensão na largura dos quadris.

Exercício:

Inspire:
Mantenha a posição inicial.

Expire:
Gire o tronco, a cabeça e os braços simultaneamente.

Inspire:
Volte à posição inicial.

Expire:
Realize o mesmo movimento para o outro lado.

Inspire:
Volte à posição inicial.

Erros mais comuns:

1. Desestabilizar a cintura escapular, girar mais os braços que o tronco ou elevar os ombros em direção às orelhas.
2. Desativar o *powerhouse*, realizando uma retroversão pélvica.
3. Desestabilizar o assoalho pélvico.
4. Elevar os glúteos do chão, realizando uma rotação de pelve, e não de tronco.
5. Realizar um movimento de inclinação cervical, não de rotação.
6. Ultrapassar um pé ao outro no momento em que girar o tronco.

Exercícios para nível básico 81

Variações:

- Braços cruzados, atrás da cabeça ou no peito.
- Baixar ou subir as alças de pé, facilitando ou dificultando o exercício.

Observações:

✓ Durante todo o movimento, manter a coluna alongada, desde a zona lombar até a cabeça.
✓ A amplitude de movimento dependerá da capacidade do aluno de manter a estabilização pélvica durante o movimento.

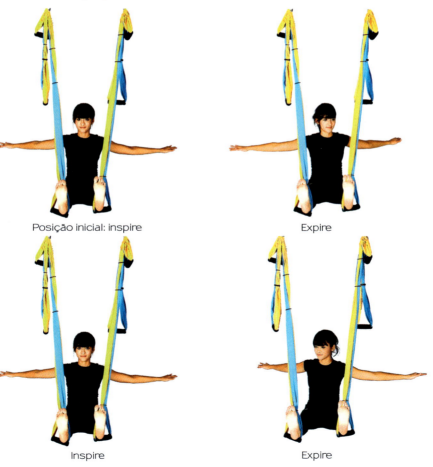

Posição inicial: inspire   Expire

Inspire   Expire

5.17 ONE LEG CIRCLE

Posição inicial: Deitado em decúbito dorsal. Braços apoiados no chão ao lado do corpo. Pés em flexão dorsal. Uma perna a 90° apoiada sobre o colúmpio e a outra em extensão. Pelve neutra. Escápulas estabilizadas. Cabeça alinhada com o tronco.

Exercício:

Inspire:
Com a perna estendida, comece a desenhar a metade de um círculo.

Expire:
Termine de desenhar a outra metade do círculo.

Inspire:
Mude de direção e desenhe a metade do círculo.

Expire:
Termine de desenhar a outra metade do círculo.

Erros mais comuns:

1. Desestabilizar a cintura escapular, realizando uma rotação interna de ombros.
2. Não manter a pelve neutra durante o movimento, desativando o *powerhouse*.
3. Desestabilizar o assoalho pélvico, elevando os glúteos do chão.
4. Movimentar o tronco ao mesmo tempo que realiza círculos de perna, afastando a zona lombar do chão.
5. Realizar uma hiperextensão cervical.
6. Realizar uma rotação lateral excessiva do quadril.

Variações:

- Realizar o exercício com ambas as pernas em extensão.
- Mudar o ângulo de abertura, realizando círculos maiores.
- Pés em flexão plantar.
- Braços em flexão de 90° com as mãos em direção ao teto ou cruzadas no peito.

Observação:

✓ A amplitude de movimento dependerá da capacidade do aluno de manter a estabilização pélvica durante o movimento.

Posição inicial   Variação

5.18 ONE LEG STRETCH I

Posição inicial: Deitado em decúbito dorsal. Joelhos flexionados com os pés apoiados sobre as alças de pé. Mãos apoiadas ao lado do joelho. Cabeça alinhada com o tronco. Escápulas estabilizadas. Pés em flexão plantar. Pelve neutra.

Exercício:

Inspire:
Mantenha a posição inicial.

Expire:
Eleve a cabeça e o tronco o suficiente para manter a cintura escapular estabilizada.

Inspire:
Estenda uma perna e leve as mãos em direção ao joelho em flexão.

Expire:
Inverta a posição das pernas e leve as mãos em direção ao outro joelho.

Inspire:
Volte à posição inicial.

Erros mais comuns:

1. Desestabilizar a cintura pélvica, elevando os glúteos do chão.
2. Desativar o *powerhouse*, relaxando a musculatura abdominal profunda.
3. Permitir o deslocamento lateral do tronco.
4. Desestabilizar o assoalho pélvico.
5. Desestabilizar a cintura escapular, elevando os ombros em direção às orelhas ou realizando uma rotação interna de ombros.
6. Realizar o exercício em Valsalva, aumentando a pressão intra-abdominal.

Exercícios para nível básico 85

7. Apoiar o queixo no tronco.
8. Realizar uma hiperextensão cervical.

Variações:

- Com a cabeça apoiada no colchonete, caso o aluno não consiga manter a cabeça e o tronco elevados durante o exercício.
- Mãos atrás da cabeça.
- Braços em flexão de 90°, com as mãos em direção ao teto.

Posição inicial: inspire

Expire   Expire

5.19 ONE LEG STRETCH II

Posição inicial: Deitado em decúbito dorsal com o tronco elevado. Escápulas estabilizadas. Pernas a 90°. Mãos apoiadas ao lado do joelho. Cabeça alongada e alinhada com o tronco.

Exercício:

Inspire:
Estenda uma perna em direção ao teto, mantendo a posição diagonal de perna.

Expire:
Flexione a perna em extensão e estenda a perna em flexão simultaneamente.

Inspire:
Volte à posição inicial.

Erros mais comuns:

1. Desestabilizar a cintura pélvica, elevando os glúteos do colúmpio.
2. Desativar o *powerhouse*, relaxando a musculatura abdominal profunda.
3. Permitir o deslocamento lateral do tronco.
4. Desestabilizar o assoalho pélvico.
5. Desestabilizar a cintura escapular, elevando os ombros em direção às orelhas ou realizando uma rotação interna de ombros.
6. Realizar o exercício em Valsalva, aumentando a pressão intra-abdominal.
7. Apoiar o queixo no tronco.
8. Realizar uma hiperextensão cervical.
9. Permitir que a perna em extensão se movimente para baixo, realizando uma hiperextensão lombar.

Exercícios para nível básico 87

Variações:

- Com a cabeça apoiada no colchonete, caso o aluno não consiga manter a cabeça e o tronco elevados durante o exercício.
- Mãos atrás da cabeça.
- Braços em flexão de 90°, com as mãos em direção ao teto.

Posição final

Expire

5.20 FLEXIBILIZAÇÃO I

Posição inicial: Em pé. Coluna reta. Braços ao lado do corpo e mãos segurando o colúmpio. Escápulas estabilizadas. Cabeça alongada e alinhada com o tronco. Pés apoiados na largura dos quadris.

Exercício:

Inspire:
Mantenha a posição inicial.

Expire:
Comece a flexionar o tronco sequencialmente da cabeça ao sacro, até manter a coluna reta, paralela ao chão. O aluno deve imaginar que suas costas são uma "mesa".

Inspire:
Mantenha a postura.

Expire:
Comece a subir o tronco progressivamente, realizando uma retroversão pélvica e encaixando vértebra por vértebra, até voltar à postura inicial.

Erros mais comuns:

1. Desestabilizar a cintura pélvica, realizando uma anteversão pélvica.
2. Desestabilizar a cintura escapular, elevando os ombros em direção às orelhas.
3. Desativar o *powerhouse*, relaxando a musculatura abdominal.
4. Apoiar o queixo no tronco.
5. Não articular as vértebras durante a flexão de tronco.
6. Desestabilizar o assoalho pélvico.
7. Realizar uma flexão de braços excessiva.

Exercícios para nível básico 89

Variação:

- Na posição final, manter o tronco em flexão.

Observação:

✓ A posição de coluna reta no final do exercício pode variar conforme a necessidade individual de cada aluno.

5.21 GATO

Posição inicial: Apoiado sobre os joelhos com o tronco em flexão. Coluna reta. Cotovelos e ombros alinhados. Joelhos na largura dos quadris. Mãos apoiadas sobre as alças de pé.

Exercício:

Inspire:
Mantenha a posição inicial.

Expire:
Inicie uma flexão de tronco, levando o umbigo em direção à zona lombar, articulando vértebra por vértebra.

Inspire:
Volte à posição inicial, articulando vértebra por vértebra, começando pela zona dorsal.

Expire:
Inicie uma extensão de tronco, começando pela zona lombar até a cabeça.

Inspire:
Volte à posição inicial com a coluna neutra.

Erros mais comuns:

1. Realizar uma transferência de pontos de apoio, perdendo o alinhamento entre joelho e pelve.
2. Desestabilizar a cintura escapular, elevando os ombros em direção às orelhas.
3. Realizar uma hiperextensão cervical.
4. Desativar o *powerhouse*, relaxando a musculatura abdominal profunda.

Exercícios para nível básico 91

Observações:

✓ Esse exercício busca uma melhor flexibilidade articular da coluna vertebral.
✓ Movimentos exagerados devem ser evitados, tanto em extensão quanto em flexão.

Posição inicial: inspire — Expire

Inspire — Expire

5.22 FLEXIBILIZAÇÃO II

Posição inicial: Sentado sobre as pernas. Tronco inclinado. Braços em flexão de 90°. Mãos apoiadas sobre as alças de pé. Cabeça alinhada com o tronco. Coluna reta.

Exercício:

Inspire:
Mantenha a posição inicial.

Expire:
Inicie uma extensão de tronco da zona lombar até a cabeça, apoiando o tronco sobre os joelhos.

Inspire:
Volte à posição inicial, articulando vértebra por vértebra, começando pela zona dorsal.

Expire:
Inicie uma flexão de tronco, levando o umbigo em direção à zona lombar, articulando vértebra por vértebra.

Inspire:
Volte à posição inicial.

Erros mais comuns:

1. Realizar uma transferência de pontos de apoio, lateralizando o tronco.
2. Desestabilizar a cintura escapular, elevando os ombros em direção às orelhas.
3. Realizar uma hiperextensão cervical.
4. Desativar o *powerhouse*, relaxando a musculatura abdominal profunda.
5. Desestabilizar o assoalho pélvico.

Exercícios para nível básico 93

Observação:

✓ Como o próprio nome diz, esse exercício trabalha, além do alongamento muscular, a mobilização articular. É ideal para alunos com retificação ou rigidez articular.

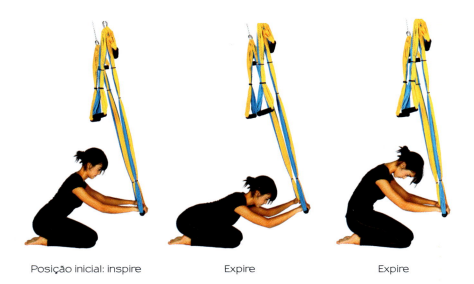

Posição inicial: inspire   Expire   Expire

EXERCÍCIOS PARA NÍVEL INTERMEDIÁRIO 6

6.1 *STAND BALANCE*

Posição inicial: Em pé. Uma perna com tríplice flexão de perna, joelho e pé. Coluna reta. Mãos apoiadas sobre as alças médias. Escápulas estabilizadas. Cabeça alongada e alinhada com o tronco.

Exercício:

Inspire:
Mantenha a posição inicial.

Expire:
Comece uma extensão de pelve e de pernas ao mesmo tempo que flexiona o tronco, até ficar paralelo ao chão.

Inspire:
Mantenha a posição final.

Expire:
Comece a flexionar a pelve e as pernas ao mesmo tempo que estende o tronco, até voltar à posição inicial.

Erros mais comuns:

1. Desestabilizar a cintura escapular, elevando os ombros em direção às orelhas.
2. Desativar o *powerhouse*, relaxando a musculatura abdominal profunda.
3. Desestabilizar o assoalho pélvico.
4. Realizar uma rotação pélvica e de tronco, girando para o mesmo lado em que realiza a extensão de joelho.
5. Realizar uma hiperextensão cervical.
6. Realizar uma hiperextensão lombar.
7. Realizar uma flexão de braços excessiva.

Observações:

✓ O movimento deve ser o de alongar a cabeça para a frente e o pé para trás, produzindo um efeito de alongamento do tronco.
✓ A posição final deve ser com a coluna reta e o joelho em extensão.

Exercícios para nível intermediário 97

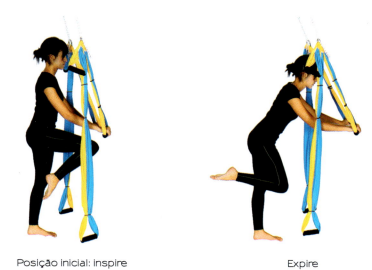

Posição inicial: inspire   Expire

Posição final: inspire

6.2 BALANÇAR II

Posição inicial: Deitado em decúbito ventral. Braços em extensão ao lado do corpo. Pés apoiados no chão com flexão dorsal. Escápulas estabilizadas. Cabeça alongada e alinhada com o tronco. Pelve neutra.

Exercício:

Inspire:
Mantenha a posição inicial.

Expire:
Impulsione o tronco, empurrando o chão com os pés.

Inspire:
Balance o colúmpio até que ele pare.

Erros mais comuns:

1. Desestabilizar a cintura escapular, elevando os ombros em direção às orelhas.
2. Realizar uma hiperextensão cervical.
3. Desativar o *powerhouse*, relaxando a musculatura abdominal profunda.
4. Realizar uma anteversão pélvica.
5. Desestabilizar o assoalho pélvico.

Exercícios para nível intermediário 99

Posição inicial: inspire   Expire

Expire

6.3 SHOULDER BRIDGE

Posição inicial: Deitado em decúbito dorsal. Pelve neutra. Joelhos em flexão. Pés apoiados nas alças de pé na largura dos quadris. Braços ao lado do corpo, apoiados no chão com a palma da mão para baixo. Escápulas estabilizadas. Cabeça alinhada com o tronco.

Exercício:

Inspire:
Mantenha a posição inicial.

Expire:
Faça uma retroversão pélvica e erga o tronco do chão progressivamente, começando pelo sacro, depois, a zona lombar e a dorsal, articulando e flexionando vértebra por vértebra.

Inspire:
Flexione uma perna em direção ao teto com o pé em flexão plantar.

Expire:
Deixe os pés em flexão dorsal.

Inspire:
Apoie os pés na alça de pés.

Expire:
Volte à posição inicial progressivamente, articulando vértebra por vértebra, desde a zona dorsal até o sacro.

Erros mais comuns:

1. Desativar o *powerhouse*, permitindo a hiperextensão lombar.
2. Relaxar os glúteos, permitindo o abaixamento da pelve.
3. Não manter o alinhamento postural entre ombros, pelve e joelho.
4. Desestabilizar o assoalho pélvico.

Exercícios para nível intermediário   101

5. Realizar hiperextensão cervical.
6. Abduzir ou aduzir os joelhos.
7. Realizar um giro de pelve ao elevar a perna em direção ao teto.
8. Desestabilizar a cintura escapular, realizando uma rotação interna de ombros em razão do excesso de trabalho do tríceps.

Variação:

- Com as pernas em extensão.

Posição inicial: inspire

Posição final

6.4 *FROG* – RÃ

Posição inicial: Deitado em decúbito dorsal. Pernas em rotação externa. Pelve neutra. Tornozelos apoiados no colúmpio. Braços ao lado do corpo, apoiados no chão com a palma da mão para baixo. Pés em flexão dorsal unidos pela zona plantar. Escápulas estabilizadas. Cabeça alinhada com o tronco.

Exercício:

Inspire:
Mantenha a posição inicial.

Expire:
Faça uma retroversão pélvica e afaste o tronco do chão progressivamente, começando pelo sacro, depois, a zona lombar e a dorsal, articulando e flexionando vértebra por vértebra.

Inspire:
Mantenha o tronco elevado.

Expire:
Comece a baixar o tronco apoiando vértebra por vértebra no chão, começando pela zona dorsal e, por último, a zona lombar, realizando uma retroversão pélvica antes de apoiar os glúteos.

Erros mais comuns:

1. Desativar o *powerhouse*, permitindo a extensão lombar.
2. Relaxar os glúteos, permitindo o abaixamento da pelve.
3. Realizar uma hiperextensão cervical.
4. Não manter o alinhamento postural entre ombros, pelve e joelho.
5. Desestabilizar o assoalho pélvico.
6. Aduzir os joelhos.

7. Desestabilizar a cintura escapular, realizando uma rotação interna de ombros em razão do excesso de trabalho do tríceps.

Variação:

- Com as pernas em extensão.

Observação:

✓ Assegurar que o aluno não separe um tornozelo do outro, perdendo a rotação externa das pernas.

Posição inicial: inspire

Posição final

Posição dos pés

6.5 SPINE STRETCH

Posição inicial: Sentado. Coluna reta, apoiada sobre os ísquios. Pernas em extensão. Pés em flexão plantar. Braços em flexão de 90°, com as palmas das mãos uma de frente para a outra. Escápulas estabilizadas. Cabeça alongada e alinhada com o tronco. Pelve neutra.

Exercício:

Inspire:
Mantenha a posição inicial.

Expire:
Comece uma flexão de tronco progressiva, articulando vértebra por vértebra, desde a cabeça até a zona lombar.

Inspire:
Mantenha a posição de flexão de tronco.

Expire:
Comece a estender o tronco progressivamente, articulando vértebra por vértebra, desde a zona lombar até a cabeça, voltando à posição inicial.

Erros mais comuns:

1. Desestabilizar a cintura escapular, elevando os ombros em direção às orelhas ou realizando uma protração escapular.
2. Não articular as vértebras, flexionando o tronco em um único bloco.
3. Realizar uma hiperextensão cervical.
4. Desativar o *powerhouse*, relaxando a musculatura abdominal profunda.
5. Não sentar sobre os ísquios, realizando o exercício com uma retroversão pélvica.

Exercícios para nível intermediário   105

Variações:

- Colocar um apoio para a pelve para alunos com encurtamento da cadeia muscular posterior.
- Pés em flexão dorsal para potencializar o exercício.
- Diminuir ou aumentar a altura das alças de pés, para facilitar ou dificultar o exercício.
- Mudar a posição dos braços.

6.6 HUNDRED I

Posição inicial: Deitado em decúbito dorsal. Pelve neutra. Pernas em extensão. Pés em flexão plantar e apoiados sobre o colúmpio. Braços em flexão de 180°. Escápulas estabilizadas.

Exercício:

Inspire:
Mantenha a posição inicial.

Expire:
Realize uma extensão de braços até posicionar as mãos paralelas ao chão e, ao mesmo tempo, flexione a cabeça e o tronco. Suba o tronco até o ângulo inferior da escápula.

Inspire:
Conte até cinco, realizando um movimento de flexão e extensão de ombros sem flexionar cotovelos e punhos, como o movimento das asas de um pássaro.

Expire:
Conte até cinco, realizando o mesmo movimento da inspiração anterior.
Faça o exercício cem vezes (50 inspirações e 50 expirações).

Erros mais comuns:

1. Desestabilizar a cintura escapular, elevando os ombros em direção às orelhas ou deixando que os ombros realizem um movimento de rotação interna.
2. Desativar o *powerhouse*, permitindo que a zona lombar se afaste do chão.
3. Desestabilizar o assoalho pélvico.

Exercícios para nível intermediário 107

4. Realizar o exercício em apneia.
5. Mover o tronco durante o exercício.

Variações:

- Cabeça e tronco apoiados no chão no caso de problemas cervicais.
- Com as pernas flexionadas a 90°, para facilitar a execução do exercício.
- Mudar a posição das palmas das mãos no caso de aluno com o peitoral maior encurtado.
- Aumentar a altura das alças de pés para facilitar o exercício.

Observação:

✓ O aluno deve imaginar que está segurando uma pequena bola entre o queixo e o tronco.

Posição inicial: inspire   Posição final

6.7 DOUBLE LEG STRETCH

Posição inicial: Deitado em decúbito dorsal com o tronco elevado. Escápulas estabilizadas. Pelve com flexão de 90°. Extensão de joelho e pés em flexão plantar. Braços em extensão, tocando as pernas. Pernas aduzidas. Cabeça alongada e alinhada com o tronco.

Exercício:

Inspire:
Realize uma flexão de braços ao mesmo tempo que realiza uma extensão de pelve, até a posição diagonal de pernas, tentando manter os pés na mesma linha dos olhos.

Expire:
Volte à posição inicial.

Erros mais comuns:

1. Desestabilizar a cintura escapular, elevando os ombros em direção às orelhas.
2. Desativar o *powerhouse*, realizando uma hiperextensão lombar e abaixando a parte inferior do tronco.
3. Desestabilizar o assoalho pélvico.
4. Realizar uma hiperextensão cervical.
5. Realizar o exercício em Valsalva, aumentando a pressão intra-abdominal.

Variações:

- Mãos cruzadas atrás da cabeça.
- Com o tronco e a cabeça apoiados no colúmpio, no caso do aluno que não consegue manter tronco e cabeça elevados.

Exercícios para nível intermediário

Posição inicial: inspire

Expire

Posição final: expire

6.8 CHEST LIFT II

Posição inicial: Sentado sobre o colúmpio. Coluna reta, apoiada sobre os ísquios. Mãos segurando o colúmpio. Escápulas estabilizadas. Pelve neutra. Cabeça alongada e alinhada com o tronco.

Exercício:

Inspire:
Mantenha a posição inicial.

Expire:
Comece a baixar o tronco, vértebra por vértebra, até chegar à posição de decúbito dorsal com as pernas em extensão e as mãos atrás da cabeça.

Inspire:
Mantenha a posição.

Expire:
Conecte (feche) as costelas ao mesmo tempo que inicia a elevação de cabeça e tronco.

Inspire:
Volte à posição inicial.

Erros mais comuns:

1. Desestabilizar a cintura escapular, realizando uma rotação interna de ombros ou elevando os ombros em direção às orelhas.
2. Desativar o *powerhouse*, relaxando a musculatura abdominal profunda.
3. Realizar uma hiperextensão cervical.
4. Apoiar o queixo no tronco, realizando uma excessiva flexão cervical.
5. Desestabilizar o assoalho pélvico.
6. Realizar uma hiperextensão lombar, afastando a zona lombar do colúmpio.
7. Realizar o exercício em apneia.

Exercícios para nível intermediário 111

Variação:

- Mãos cruzadas no peito.

Observação:

✓ Na posição final do exercício, manter a cabeça alinhada com o tronco e focar em utilizar os músculos abdominais para dirigir a zona antero-inferior do tronco em direção à parte anterior da pelve.

Posição inicial: inspire

Expire

Inspire

Posição final: expire

6.9 BRIDGE II

Posição inicial: Deitado em decúbito dorsal. Pelve neutra. Joelhos em extensão. Pés apoiados nas alças de pé na largura dos quadris. Braços em flexão de 90°. Cabeça alinhada com o tronco. Escápulas estabilizadas.

Exercício:

Inspire:
Mantenha a posição inicial.

Expire:
Faça uma retroversão pélvica e afaste o tronco do chão progressivamente, começando pelo sacro, depois, a zona lombar e a dorsal, articulando e flexionando vértebra por vértebra.

Inspire:
Mantenha o tronco elevado.

Expire:
Comece a baixar o tronco, apoiando vértebra por vértebra no chão, iniciando pela zona dorsal e, por último, pela zona lombar, realizando uma retroversão pélvica antes de apoiar os glúteos. Termine com a pelve neutra.

Erros mais comuns:

1. Desativar o *powerhouse*, permitindo um abaixamento da pelve ou uma extensão lombar.
2. Realizar uma hiperextensão cervical.
3. Não manter o alinhamento postural entre ombros, pelve e joelho.
4. Desestabilizar o assoalho pélvico.
5. Não articular as vértebras.
6. Desestabilizar a cintura escapular, realizando uma rotação interna de ombros.

Variações:

- Realizar movimentos de flexão e extensão de joelhos sem baixar a pelve e o tronco.
- Mãos apoiadas ao lado do corpo.

Posição inicial: inspire   Posição final

Variação

6.10 HALF ROLL OVER

Posição inicial: Deitado em decúbito dorsal. Pelve neutra. Braços apoiados na alça de pés ao lado do corpo com a palma da mão para baixo. Joelhos em extensão com os pés em flexão plantar. Escápulas estabilizadas.

Exercício:

Inspire:
Mantenha a posição inicial.

Expire:
Erga os glúteos do chão até o ângulo inferior da escápula, pressionando os braços contra as alças de pés.

Inspire:
Volte à posição inicial.

Erros mais comuns:

1. Desestabilizar a cintura escapular, afastando os ombros do chão.
2. Desativar o *powerhouse*, relaxando a musculatura abdominal profunda.
3. Desestabilizar o assoalho pélvico.
4. Realizar uma flexão de joelhos.
5. Realizar uma hiperextensão cervical.
6. Dar impulso para subir.
7. Executar o exercício em apneia, aumentando a pressão intra-abdominal.

Variações:

- Apoiar os glúteos sobre um BOSU para facilitar a execução do exercício.
- Com os pés em flexão dorsal.

Exercícios para nível intermediário   115

Observação:

✓ As alças de pés não devem estar apoiadas no chão.

Posição inicial: inspire

Posição final: expire

Inspire

6.11 ROLL OVER I

Posição inicial: Deitado em decúbito dorsal. Pelve neutra. Braços apoiados na alça de pés ao lado do corpo com a palma da mão para baixo. Pernas e joelhos a 90°, com os pés em flexão plantar. Escápulas estabilizadas. Cabeça alinhada com o tronco.

Exercício:

Inspire:
Realize uma extensão de joelhos.

Expire:
Erga os glúteos do chão progressivamente, levando as pernas em direção à cabeça até o ângulo superior da escápula, mantendo as pernas paralelas ao chão.

Inspire:
Abduza as pernas e mantenha a posição.

Expire:
Comece a baixar o tronco progressivamente, apoiando vértebra por vértebra, até retornar à posição inicial de pelve neutra e joelhos a 90°.

Erros mais comuns:

1. Desestabilizar a cintura escapular, realizando uma rotação interna de ombros.
2. Desativar o *powerhouse*, relaxando a musculatura abdominal profunda.
3. Desestabilizar o assoalho pélvico.
4. Não articular as vértebras.
5. Realizar o exercício em apneia.
6. Realizar uma força excessiva com o tríceps.

Exercícios para nível intermediário 117

7. Realizar uma hiperextensão cervical.
8. Elevar a cabeça na hora de baixar o tronco.

Variações:

- Apoiar os glúteos sobre um BOSU para facilitar a execução do exercício.
- Apoiar os pés no chão na posição final, exigindo mais flexibilidade do aluno.

Observação:

✓ As alças de pés não devem estar apoiadas no chão.

Posição inicial   Inspire

Método pilates aéreo

6.12 *HALF ROLL DOWN*

Posição inicial: Sentado sobre o colúmpio. Coluna reta, apoiada sobre os ísquios. Braços com flexão de 90°. Cabeça alongada e alinhada com o tronco. Pelve neutra. Pés apoiados no chão.

Exercício:

Inspire:
Mantenha a posição inicial.

Expire:
Faça uma retroversão pélvica e flexione o tronco sequencialmente, desde o sacro até a cabeça, apoiando vértebra por vértebra, até chegar à posição de decúbito dorsal.

Inspire:
Mantenha a posição final.

Expire:
Realize uma flexão cervical e de tronco, sequencialmente, até voltar à posição inicial.

Erros mais comuns:

1. Realizar o exercício em apneia.
2. Desestabilizar a cintura escapular, realizando uma protração de escápulas.
3. Dar um impulso excessivo com os braços, não realizando uma flexão de tronco controlada.
4. Desestabilizar o assoalho pélvico.
5. Realizar uma hiperextensão cervical.
6. Desativar o *powerhouse*, utilizando a força do músculo psoas maior e permitindo uma elevação das pernas.
7. Não articular as vértebras.
8. Apoiar o queixo no tronco, realizando uma flexão de tronco excessiva.

Método pilates aéreo

Variações:

- Com as pernas em extensão.
- Com as mãos atrás da cabeça, o que dificultaria a execução do exercício.

Observação:

✓ O aluno deve realizar o exercício apoiando vértebra por vértebra sobre o colúmpio.

Posição inicial: inspire

Expire

Expire

Posição final

6.13 SWIMMING

Posição inicial: Deitado em decúbito ventral. Pelve neutra. Pernas em extensão e abduzidas na largura dos quadris. Braços em flexão de 180°. Escápulas estabilizadas. Cabeça alongada e alinhada com o tronco.

Exercício:

Inspire:
Eleve uma perna e, ao mesmo tempo, flexione o braço do lado contrário a ela, alternando o movimento.

Expire:
Eleve a outra perna e o braço contrário a ela.

Inspire:
Volte à posição inicial.

Erros mais comuns:

1. Realizar uma hiperextensão cervical.
2. Desestabilizar a cintura escapular, elevando os ombros em direção às orelhas.
3. Realizar uma hiperextensão lombar.
4. Desativar o *powerhouse*, relaxando a musculatura abdominal profunda.
5. Flexionar o joelho ao elevar a perna.
6. Realizar um giro de tronco e pelve ao elevar a perna.

Observações:

- ✓ A amplitude de movimento dependerá da capacidade do aluno de manter a estabilização da cintura escapular e do *powerhouse* durante o movimento.
- ✓ O aluno deverá estar deitado com a pelve e o peito sobre o colúmpio. Caso o apoio seja menor, será exigido mais esforço do aluno.
- ✓ O aluno não deve realizar uma anteversão pélvica em nenhum momento.

Posição inicial: inspire

Expire

6.14 CALF RAISES

Posição inicial: Deitado em decúbito ventral. Mãos ao lado do corpo. Pés em flexão dorsal, apoiados no chão. Pelve neutra. Cabeça alongada e alinhada com o corpo. Coluna reta.

Exercício:

Inspire:
Mantenha a posição inicial.

Expire:
Realize uma flexão plantar dos pés e impulsione o colúmpio em direção à cabeça.

Inspire:
Volte à posição inicial.

Erros mais comuns:

1. Realizar uma hiperextensão cervical.
2. Desestabilizar a cintura escapular, elevando os ombros em direção às orelhas.
3. Realizar uma hiperextensão lombar.
4. Desativar o *powerhouse*, relaxando a musculatura abdominal profunda.

Variação:

- Mãos atrás da cabeça.

Observação:

✓ Os pés devem estar apoiados no chão durante todo o exercício.

Posição inicial: inspire   Expire

Posição final

6.15 MONKEY

Posição inicial: Deitado em decúbito dorsal. Pelve neutra. Mãos segurando as alças de pés. Cabeça alongada e alinhada com o tronco. Joelhos em extensão. Pés em flexão plantar apoiados sobre as alças de pés.

Exercício:

Inspire:
Mantenha a posição inicial.

Expire:
Erga o tronco do chão até o sacro.

Inspire:
Volte à posição inicial.

Erros mais comuns:

1. Desestabilizar a cintura escapular, elevando os ombros em direção às orelhas ou realizando uma rotação interna de ombros.
2. Desestabilizar a pelve, realizando uma retroversão excessiva.
3. Realizar uma hiperextensão cervical.
4. Desativar o *powerhouse*, relaxando a musculatura abdominal profunda.
5. Desestabilizar o assoalho pélvico.
6. Realizar o exercício em apneia.
7. Apoiar o queixo no tronco, realizando uma flexão de tronco excessiva.

Posição inicial: inspire

Posição final: expire

6.16 *BREATHING* I

Posição inicial: Sentado no chão, com as pernas apoiadas nas alças de pés do colúmpio e as mãos segurando as alças médias. Pés em flexão plantar. Escápulas estabilizadas. Cabeça alongada e alinhada com o tronco.

Exercício:

Inspire:
Mantenha a posição inicial.

Expire:
Comece elevando a pelve do chão e alinhando o tronco com as pernas e a cabeça, estabilizando a cintura escapular.

Inspire:
Volte à posição inicial.

Erros mais comuns:

1. Realizar o exercício em apneia.
2. Desestabilizar a cintura escapular, elevando os ombros em direção às orelhas ou realizando uma rotação interna de ombros.
3. Desestabilizar o assoalho pélvico.
4. Realizar uma hiperextensão cervical.
5. Desativar o *powerhouse*, perdendo o alinhamento entre ombros, pelve e joelhos.

Variações:

- Abduzir pernas.
- Na posição final, realize flexões de braços.

Posição inicial: inspire   Posição final: expire

Variação

6.17 TWIST

Posição inicial: Deitado em decúbito lateral. Tronco apoiado sobre o colúmpio. Pés em flexão plantar. Uma mão apoiada no chão e a outra sobre a cabeça. Cabeça alongada e alinhada com o tronco. Escápulas estabilizadas.

Exercício:

Inspire:
Mantenha a posição inicial.

Expire:
Realize uma abdução de perna.

Inspire:
Volte à posição inicial.

Erros mais comuns:

1. Desativar *o powerhouse*, relaxando a musculatura abdominal profunda.
2. Desestabilizar o assoalho pélvico.
3. Não manter o alinhamento da cabeça com o tronco.
4. Realizar uma rotação externa de perna, não mantendo a pelve neutra.
5. Desestabilizar a cintura escapular, levando os ombros em direção às orelhas.
6. Realizar uma anteversão pélvica.

Variação:

- Realizar pequenos círculos com a perna de cima.

Observação:

✓ A amplitude de movimento dependerá da capacidade do aluno de manter a estabilização pélvica durante o movimento.

Posição inicial: inspire

Posição final: expire

6.18 ABDOMINAIS EM BIPEDESTAÇÃO

Posição Inicial: Em pé. Mãos apoiadas sobre as alças médias. Pelve neutra. Coluna reta. Escápulas estabilizadas. Cabeça alinhada com o tronco.

Exercício:

Inspire:
Mantenha a posição inicial.

Expire:
Realize uma flexão plantar ao mesmo tempo que inclina o corpo para a frente.

Inspire:
Volte à posição inicial.

Erros mais comuns:

1. Desativar o *powerhouse*, relaxando a musculatura abdominal profunda.
2. Desestabilizar o assoalho pélvico.
3. Não manter a cabeça e o tronco alinhados.
4. Desestabilizar a cintura escapular, elevando os ombros em direção às orelhas.
5. Realizar uma hiperextensão lombar.
6. Realizar uma hiperextensão cervical.

Variação:

- Realizar uma flexão de braços maior que 90°, exigindo maior ativação da musculatura abdominal profunda.

Posição inicial: inspire

Posição final: expire

6.19 BIPEDESTAÇÃO

Posição inicial: Sentado sobre o colúmpio. Mãos apoiadas nas alças pequenas. Braços por fora do colúmpio. Pés apoiados sobre as alças de pés. Coluna reta. Escápulas estabilizadas. Cabeça alinhada com o tronco.

Exercício:

Inspire:
Mantenha a posição inicial.

Expire:
Eleve o tronco até posicionar-se em pé, realizando uma transferência de peso para os membros inferiores, mantendo a coluna reta.

Inspire:
Volte à posição inicial.

Erros mais comuns:

1. Desativar o *powerhouse*, realizando uma hiperextensão lombar.
2. Desestabilizar o assoalho pélvico.
3. Não manter a cabeça e o tronco alinhados. A postura final tem que ser reta; o aluno não pode ter o tronco posicionado atrás ou à frente da linha média.
4. Desestabilizar a cintura escapular, realizando uma elevação de ombros excessiva.
5. Realizar uma hiperextensão cervical.

Variações:

- Apoiar as mãos nas alças médias, dificultando o exercício.

- Esse mesmo exercício pode ser realizado sem o colúmpio, apenas com as alças fixadas na corda de ajuste. O aluno tem que apoiar primeiro as mãos nas alças pequenas e, depois, os pés nas alças de pés.

Observações:

✓ As alças e o colúmpio devem estar fixados na mesma altura na corda de ajuste.
✓ Na posição inicial, as mãos devem estar por fora do colúmpio, dando maior segurança ao aluno.
✓ Na posição final, é muito importante que o aluno mantenha a coluna reta.

Posição inicial: inspire

Posição final

6.20 BIPEDESTAÇÃO COM ABDUÇÃO

Posição inicial: Em pé, apoiado sobre as alças de pés. Escápulas estabilizadas. Coluna reta. Pelve neutra. Mãos apoiadas nas alças pequenas. Braços por fora das alças de pés. Cabeça alongada e alinhada com o tronco.

Exercício:

Inspire:
Mantenha a posição inicial.

Expire:
Realize uma abdução de pernas.

Inspire:
Volte à posição inicial.

Erros mais comuns:

1. Desativar a *powerhouse*, realizando uma hiperextensão lombar.
2. Desestabilizar o assoalho pélvico.
3. Não manter a cabeça e o tronco alinhados. A postura final tem que ser reta; o aluno não pode ter o tronco posicionado atrás ou à frente da linha média.
4. Desestabilizar a cintura escapular, realizando uma elevação de ombros excessiva.
5. Realizar uma hiperextensão cervical.

Variação:

- Apoiar as mãos nas alças médias, dificultando o exercício.

Observações:

- ✓ A amplitude de movimento dependerá da capacidade do aluno de manter a estabilização pélvica durante o movimento.
- ✓ Caso o aluno não consiga estabilizar a pelve na postura, esta deve ser realizada como no exercício anterior (*Abdominais em bipedestação I*), usando o colúmpio.

Posição inicial: inspire

Posição final: expire

6.21 TEASER I

Posição inicial: Sentado sobre o colúmpio. Braços em abdução de 90°, mãos apoiadas sobre as alças médias. Coluna reta. Escápulas estabilizadas. Joelhos em flexão de 90°. Pés em flexão plantar. Cabeça alinhada com o tronco.

Exercício:

Inspire:
Mantenha a posição inicial.

Expire:
Realize uma retroversão pélvica ao mesmo tempo que estende as pernas em direção ao teto.

Inspire:
Volte à posição inicial.

Erros mais comuns:

1. Realizar o exercício em apneia.
2. Desestabilizar a cintura escapular, elevando os ombros em direção às orelhas.
3. Dar um impulso excessivo com os braços, não realizando uma flexão de tronco controlada.
4. Desestabilizar o assoalho pélvico.
5. Realizar uma hiperextensão cervical.
6. Não articular as vértebras.
7. Desativar o *powerhouse*, relaxando a musculatura abdominal profunda.

Variação:

- Realizar o movimento de tesoura e bicicleta na posição final.

Observação:

✓ Se o aluno tiver boa flexibilidade, pedir que ele realize esse exercício com a pelve neutra.

Posição inicial: inspire

Expire

Posição final

6.22 LEG PULL BACK I

Posição inicial: Sentado no chão. Coluna reta e alinhada desde a zona lombar até a cabeça. Pernas em extensão e adução na largura dos quadris. Braços em rotação interna com dedos em direção à pelve e mãos apoiadas nas alças de pés. Escápulas estabilizadas. Pés em flexão plantar.

Exercício:

Inspire:
Mantenha a posição inicial.

Expire:
Eleve o tronco, realizando uma retroversão pélvica até manter o alinhamento entre ombro, pelve, joelho e tornozelo.

Inspire:
Mantenha a posição.

Expire:
Realize uma flexão de pelve, levando uma perna verticalmente em direção ao teto, com os joelhos em extensão e os pés em flexão plantar, sem perder o alinhamento entre ombro, pelve, joelho e tornozelo.

Inspire:
Baixe a perna.

Expire:
Realize o mesmo movimento com a outra perna, evitando o abaixamento da pelve.

Inspire:
Baixe a outra perna.

Expire:
Comece a baixar a pelve, voltando à posição inicial.

Erros mais comuns:

1. Realizar o exercício em apneia.
2. Desestabilizar a cintura escapular por falta de força em membros superiores.
3. Desestabilizar o assoalho pélvico.
4. Realizar uma hiperextensão cervical.
5. Desativar o *powerhouse*, realizando uma hiperextensão lombar.
6. Realizar rotação de pelve ao elevar a perna.

Variação:

- Realizar flexões de cotovelo, trabalhando o tríceps.

Observações:

✓ A posição das mãos em relação aos ombros varia de acordo com a flexibilidade da cadeia muscular anterior de cada aluno.
✓ A amplitude de movimento dependerá da capacidade do aluno de manter a estabilização pélvica durante o movimento.

Exercícios para nível intermediário 141

Posição inicial: inspire

Posição final: expire

6.23 LEG PULL FRONT II

Posição inicial: De joelhos. Tronco em ligeira flexão. Mãos apoiadas sobre a alça de pés. Escápulas estabilizadas. Cabeça alinhada com o tronco. Pés em flexão dorsal.

Exercício:

Inspire:
Mantenha a posição inicial.

Expire:
Afaste os joelhos do chão, alinhando cabeça, ombros, pelve, joelhos e tornozelos.

Inspire:
Volte à posição inicial.

Erros mais comuns:

1. Realizar o exercício em apneia.
2. Desestabilizar a cintura escapular por falta de força nos membros superiores.
3. Desestabilizar o assoalho pélvico.
4. Realizar uma hiperextensão cervical.
5. Desativar o *powerhouse*, realizando uma hiperextensão lombar.
6. Perder o alinhamento entre cabeça, ombro, pelve, joelho e tornozelo.

Variações:

- Realizar flexões de braço.
- Tirar uma perna do chão, alternando o movimento.
- Apoiar os membros inferiores sobre algum elemento instável, como *fitball*, BOSU, entre outros.
- Realizar o exercício apoiado somente em uma perna.

Exercícios para nível intermediário 143

Observações:

✓ Quanto mais alto estiverem as alças de pés, mais difícil será realizar o exercício.
✓ A posição das mãos pode variar conforme as necessidades de cada aluno.

Posição inicial: inspire   Posição final

Variação

6.24 INVERSÃO TOTAL I

Posição inicial: Sentado sobre o colúmpio. Pelve neutra. Mãos segurando o colúmpio. Escápulas estabilizadas. Joelhos flexionados a 90°, com os pés em flexão plantar. Cabeça alinhada com o tronco. Coluna reta.

Exercício:

Inspire:
Mantenha a posição inicial.

Expire:
Realize uma retroversão pélvica, baixando o tronco vértebra por vértebra, ao mesmo tempo que eleva os joelhos em direção ao teto, até a posição de decúbito dorsal. Abduza as pernas, passando os pés por fora do colúmpio. Em seguida, flexione os joelhos, passando os pés por dentro do colúmpio e unindo-os pela zona plantar.

Inspire:
Abduza os braços segurando as alças de pés.

Expire:
Mantenha a posição final.

Inspire:
Segure o colúmpio.

Expire:
Volte à posição inicial, realizando um movimento simultâneo de extensão de joelhos, adução de pernas e flexão de tronco e cabeça.

Erros mais comuns:

1. Desativar o *powerhouse*, relaxando a musculatura abdominal profunda.
2. Desestabilizar o assoalho pélvico.
3. Desestabilizar a cintura escapular, realizando uma rotação interna de ombros ao voltar à posição inicial.
4. Realizar uma hiperextensão cervical na posição final.

Variações:

- Braços abertos em cruz na posição final.
- Braços atrás da cabeça e flexões de tronco na posição final.

Posição inicial: inspire

Expire

146   Método pilates aéreo

Posição final

6.25 SIDE BEND

Posição inicial: Deitado em decúbito lateral, apoiado sobre o cotovelo e o antebraço. O outro braço deve estar em abdução de 90°. Pernas apoiadas sobre alças de pés. Pés em flexão plantar. Escápulas estabilizadas. Cabeça alongada e alinhada com o tronco.

Exercício:

Inspire:
Mantenha a posição inicial.

Expire:
Eleve a pelve do chão, mantendo o alinhamento entre cabeça, ombro, pelve, joelho e tornozelo.

Inspire:
Volte à posição inicial.

Erros mais comuns:

1. Realizar o exercício em apneia.
2. Desestabilizar a cintura escapular por falta de força em membros superiores.
3. Desestabilizar o assoalho pélvico.
4. Realizar uma hiperextensão cervical.
5. Desativar o *powerhouse*, realizando uma hiperextensão lombar e abaixando o tronco.
6. Perder o alinhamento entre cabeça, ombro, pelve, joelho e tornozelo.
7. Desalinhar os pés devido à desestabilização pélvica.
8. Realizar um giro de tronco, anterior ou posteriormente.
9. Permitir o abaixamento da pelve.

Variação:

- Realizar uma abdução de perna.

Observação:

✓ A amplitude de movimento dependerá da capacidade do aluno de manter a estabilização pélvica durante o movimento.

Posição inicial: inspire   Posição final: expire

Variação

6.26 ARM CIRCLES

Posição inicial: Em pé, apoiado sobre as alças de pés. Escápulas estabilizadas. Coluna reta. Pelve neutra. Mãos apoiadas nas alças médias. Braços por dentro das alças de pés. Cabeça alinhada com o tronco.

Exercício:

Inspire:
Mantenha a posição inicial.

Expire:
Incline o tronco em direção às mãos ao mesmo tempo que realiza uma flexão de braços de 90°, seguida de abdução, extensão e adução, desenhando um círculo grande.

Inspire:
Mantenha a posição inclinada.

Expire:
Volte à posição inicial.

Erros mais comuns:

1. Desativar o *powerhouse*, realizando uma hiperextensão lombar.
2. Desestabilizar o assoalho pélvico.
3. Não manter o alinhamento da cabeça e do tronco. A postura final deve ser reta; o aluno não pode ter o tronco posicionado atrás ou à frente da linha média.
4. Desestabilizar a cintura escapular, realizando uma elevação de ombros excessiva.
5. Realizar uma hiperextensão cervical.
6. Não realizar o movimento de ombros de forma controlada.

Variações:

- Realizar movimentos de boxe.
- Realizar movimentos puros de abdução.

Observação:

✓ A amplitude de movimento dependerá da capacidade do aluno de manter a estabilização da cintura escapular durante o movimento.

Posição inicial

6.27 SWAN DIVE

Posição inicial: Deitado sobre o colúmpio em decúbito ventral. Mãos apoiadas no chão, alinhadas com os ombros. Cabeça alongada e alinhada com o tronco. Pés em flexão plantar. Pelve neutra.

Exercício:

Inspire:
Mantenha a posição inicial.

Expire:
Empurre o tronco para trás e, ao mesmo tempo, eleve as pernas em direção ao teto. Permaneça nessa postura por 5 segundos.

Inspire:
Volte à posição inicial.

Erros mais comuns:

1. Desestabilizar a cintura escapular, realizando uma retração escapular e uma elevação dos ombros em direção às orelhas.
2. Realizar uma hiperextensão cervical.
3. Desestabilizar o assoalho pélvico.
4. Desativar o *powerhouse*, realizando uma hiperextensão lombar e uma anteversão pélvica.
5. Não manter os glúteos em contração durante o exercício.

Observação:

✓ A altura do colúmpio deve permitir o apoio das mãos no chão.

Posição inicial

Posição final

6.28 ROLLING LIKE A BALL

Posição inicial: Deitado em decúbito ventral sobre o colúmpio. Tronco flexionado. Flexão de pelve e de joelhos maior que 90°. Mãos apoiadas nas pernas. Pés em flexão plantar. Cabeça alinhada com o tronco.

Exercício:

Inspire:
Mantenha a posição inicial.

Expire:
Balance o colúmpio até que pare.

Erros mais comuns:

1. Desestabilizar a cintura escapular, elevando os ombros em direção às orelhas.
2. Realizar uma hiperextensão cervical.
3. Desestabilizar o assoalho pélvico.
4. Não manter a flexão de tronco em "C".
5. Desativar o *powerhouse*, relaxando a musculatura abdominal profunda.
6. Apoiar o queixo no tronco, realizando uma flexão de tronco excessiva.

Posição inicial

6.29 ABDOMINAIS SOBRE O JOELHO

Posição inicial: De joelhos. Mãos apoiadas sobre a alça de pés. Escápulas estabilizadas. Cabeça alinhada com o tronco. Pés em flexão plantar. Coluna reta.

Exercício:

Inspire:
Mantenha a posição inicial.

Expire:
Incline o tronco para frente, mantendo a coluna reta.

Inspire:
Volte à posição inicial.

Erros mais comuns:

1. Desativar o *powerhouse*, realizando uma hiperextensão lombar.
2. Desestabilizar o assoalho pélvico.
3. Não manter o alinhamento entre cabeça e tronco. A postura final tem que ser reta; o aluno não pode ter o tronco posicionado atrás ou à frente da linha média.
4. Desestabilizar a cintura escapular, realizando uma elevação de ombros excessiva.
5. Realizar uma hiperextensão cervical.

Variações:

- Com os braços em flexão de 90°.
- Com abdução de braços.

Posição inicial

Posição final

Variação

6.30 INCLINAÇÃO

Posição inicial: Em pé, de costas para as alças. Mãos apoiadas sobre as alças médias. Braços em extensão e rotação externa. Pelve neutra. Coluna reta. Escápulas estabilizadas. Cabeça alargada e alinhada com o tronco.

Exercício:

Inspire:
Mantenha a posição inicial.

Expire:
Desencoste do chão os dedos do pé e, ao mesmo tempo, incline o corpo para trás.

Inspire:
Volte à posição inicial.

Erros mais comuns:

1. Desativar o *powerhouse*, relaxando a musculatura abdominal profunda.
2. Desestabilizar o assoalho pélvico.
3. Não manter o alinhamento entre cabeça e tronco.
4. Desestabilizar a cintura escapular, elevando os ombros em direção às orelhas.
5. Realizar uma hiperextensão lombar.
6. Realizar uma hiperextensão cervical.

Observações:

✓ Esse exercício é indicado para alunos com encurtamento do músculo peitoral.
✓ Caso o aluno não consiga realizar o exercício pela amplitude do movimento, deve-se baixar a altura das alças, para facilitar a execução.

Posição inicial: inspire

Posição final

6.31 INCLINAÇÃO LATERAL

Posição inicial: Deitado em decúbito lateral. Cabeça apoiada sobre um braço. Pelve neutra. Pernas em extensão. Pés em flexão plantar. Mão segurando a alça média.

Exercício:

Inspire:
Mantenha a posição inicial.

Expire:
Erga o tronco do chão, mantendo a mão apoiada no chão e flexionando o cotovelo do braço que está acima.

Inspire:
Volte à posição inicial.

Erros mais comuns:

1. Desativar o *powerhouse*, relaxando a musculatura abdominal profunda.
2. Desestabilizar o assoalho pélvico.
3. Não manter o alinhamento entre cabeça e tronco.
4. Desestabilizar a cintura escapular, elevando os ombros em direção às orelhas.
5. Realizar uma hiperextensão lombar, deslocando o tronco posteriormente.
6. Realizar uma hiperextensão cervical.
7. Relaxar os glúteos.

Variação:

- Erguer o tronco e as pernas do chão simultaneamente.

Posição inicial: inspire

Posição final: expire

6.32 *ROLL UP* II

Posição inicial: Deitado em decúbito dorsal sobre o colúmpio. Coluna reta. Braços em abdução. Mãos segurando as alças médias. Joelhos em flexão de 90°. Pés em flexão plantar. Cabeça alinhada com o tronco. Pelve neutra.

Exercício:

Inspire:
Mantenha a posição inicial.

Expire:
Faça uma flexão cervical, seguida de uma flexão de tronco, sequencialmente, desde a cabeça até o sacro, articulando vértebra por vértebra, até posicionar-se sentado.

Inspire:
Mantenha a posição final.

Expire:
Realize uma retroversão pélvica e flexione o tronco sequencialmente, desde o sacro até a cabeça, apoiando vértebra por vértebra, até voltar à posição inicial.

Erros mais comuns:

1. Realizar o exercício em apneia.
2. Desestabilizar a cintura escapular, elevando os ombros em direção às orelhas.
3. Dar um impulso excessivo com os braços, sem realizar uma flexão de tronco controlada.
4. Desestabilizar o assoalho pélvico.
5. Realizar uma hiperextensão cervical.
6. Desativar o *powerhouse*, utilizando a força do músculo psoas maior e permitindo uma elevação das pernas.

7. Não articular as vértebras.
8. Realizar uma hiperextensão lombar.

Observação:

✓ O aluno deve usar a força como se estivesse realizando um movimento de adução de braços, facilitando a subida do tronco.

Posição inicial: inspire

Posição final

6.33 CRISS CROSS

Posição inicial: Decúbito dorsal. Pés apoiados sobre as alças de pés na largura dos quadris. Mãos atrás da cabeça. Joelhos flexionados. Zona lombar apoiada sobre o colchonete. Pelve neutra.

Exercício:

Inspire:
Mantenha a posição inicial.

Expire:
Eleve cabeça e tronco até o ângulo inferior da escápula.

Inspire:
Mantenha a posição do tronco elevado.

Expire:
Gire o tronco para um lado ao mesmo tempo que estende a perna contrária, realizando uma extensão de joelho e levando o cotovelo em direção ao joelho flexionado, mantendo uma linha entre olhos e pés.

Inspire:
Volte ao centro e flexione o joelho que estava em extensão.

Expire:
Realize o mesmo movimento com a perna contrária, girando o tronco para o lado contrário.

Erros mais comuns:

1. Desativar o *powerhouse*, relaxando a musculatura abdominal profunda.
2. Desestabilizar a cintura escapular, elevando os ombros em direção às orelhas ou realizando uma protração escapular.
3. Permitir o deslocamento lateral do tronco.
4. Realizar uma hiperextensão cervical.
5. Não coordenar o movimento.
6. Realizar um movimento de giro de cabeça maior que o giro de tronco.
7. Realizar o movimento de giro com o cotovelo, e não com tronco, permitindo uma adução de braços durante o exercício.
8. Realizar o movimento de extensão de pernas junto a uma abdução.
9. Desestabilizar o assoalho pélvico.
10. Afastar os glúteos e a zona lombar do chão durante o giro do tronco.

Variações:

- Aumentar a altura das alças de pés, facilitando o exercício.
- Realizar o movimento de giro de tronco sem modificar a posição das pernas.

Observações:

- ✓ É fundamental que o aluno coordene o movimento com a respiração.
- ✓ O aluno deve estar consciente de que o movimento consiste em uma extensão pura de pernas, sem adicionar movimentos compensatórios.

Exercícios para nível intermediário 165

Posição inicial: inspire

Expire

Expire

Inspire

Posição final: expire

6.34 ABDOMINAIS

Posição inicial: Em quatro apoios. Antebraços, cotovelos e mãos apoiados no chão, alinhados com os ombros. Cabeça alongada e alinhada com o tronco. Pés em flexão dorsal apoiados sobre o colúmpio. Joelhos em flexão, alinhados com os quadris. Escápulas estabilizadas.

Exercício:

Inspire:
Mantenha a posição inicial.

Expire:
Estenda os joelhos, alinhando cabeça, ombros, pelve, joelhos e tornozelos.

Inspire:
Volte à posição inicial.

Erros mais comuns:

1. Desestabilizar a cintura escapular. Ocorre uma retração escapular.
2. Realizar uma hiperextensão cervical.
3. Realizar uma hiperextensão lombar.
4. Desestabilizar o assoalho pélvico.
5. Não manter o alinhamento entre cabeça, ombros, pelve e joelhos.

Variação:

- Em vez de apoiar os pés sobre o colúmpio, apoiar os pés individual e separadamente nas alças de pés, dificultando o exercício.

Exercícios para nível intermediário 167

Observações:

- ✓ Os joelhos não devem tocar o chão na posição inicial.
- ✓ É fundamental que os ombros estejam alinhados com o cotovelo durante todo o exercício.

Posição inicial: inspire

Posição final: expire

6.35 *LEG PULL FRONT* III

Posição inicial: Em prancha. Antebraços, cotovelos e mãos apoiados no chão, alinhados com ombros. Cabeça alongada e alinhada com o tronco. Pés em flexão plantar apoiados sobre o colúmpio. Pelve neutra. Escápulas estabilizadas.

Exercício:

Inspire:
Mantenha a posição inicial.

Expire:
Estenda uma perna em direção ao teto.

Inspire:
Volte à posição inicial.

Expire:
Estenda a outra perna.

Inspire:
Volte à posição inicial.

Erros mais comuns:

1. Desestabilizar a cintura escapular. Ocorre uma retração escapular.
2. Realizar uma hiperextensão cervical.
3. Desestabilizar o assoalho pélvico.
4. Realizar um giro de pelve ao elevar a perna.
5. Desativar o *powerhouse*, permitindo uma hiperextensão lombar.
6. Não manter o alinhamento entre cabeça, ombros, pelve e joelhos.

Exercícios para nível intermediário

Observações:

✓ A amplitude de movimento dependerá da capacidade do aluno de manter a estabilização pélvica durante o movimento.
✓ É fundamental que os ombros estejam alinhados com o cotovelo durante todo o exercício.

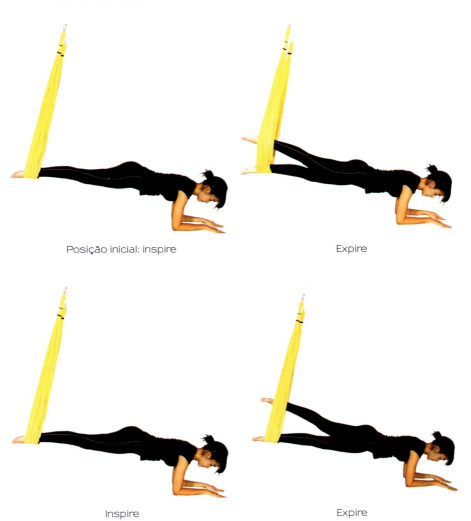

Posição inicial: inspire

Expire

Inspire

Expire

6.36 SÉRIES DE LADO II

Posição inicial: Deitado em decúbito lateral. Mãos atrás da cabeça. Pelve neutra. Pernas em extensão. Pés em flexão plantar. Cabeça alinhada com o tronco. Escápulas estabilizadas.

Exercício:

Inspire:
Mantenha a posição inicial. O exercício consiste em manter a postura sem desestabilizá-la.

Erros mais comuns:

1. Desativar o *powerhouse*, permitindo um deslocamento posterior de pelve.
2. Desestabilizar o assoalho pélvico.
3. Não manter o alinhamento entre cabeça e tronco.
4. Desestabilizar a cintura escapular, elevando os ombros em direção às orelhas.
5. Realizar uma hiperextensão lombar.
6. Realizar uma hiperextensão cervical.
7. Perder a estabilidade do tronco.

Variações:

- Realizar uma abdução de perna.
- Afastar a pelve do chão, alinhando cabeça, ombros, pelve, joelhos e tornozelos.

Exercícios para nível intermediário 171

Posição inicial

EXERCÍCIOS PARA NÍVEL AVANÇADO

7.1 *ROCKING REVERSE*

Posição inicial: Sentado sobre o colúmpio. Coluna reta. Cabeça alinhada com o tronco. Pelve e joelhos a 90°. Pés em flexão plantar. Braços ao lado do corpo. Escápulas estabilizadas.

Exercício:

Inspire:
Mantenha a posição inicial.

Expire:
Realize uma retroversão pélvica e flexione o tronco sequencialmente, desde o sacro até a cabeça, apoiando vértebra por vértebra sobre o colúmpio. Ao mesmo

tempo, flexione os joelhos e segure os tornozelos, seguindo com o movimento até realizar uma extensão de cabeça e tronco.

Inspire:
Mantenha a posição final.

Expire:
Realize uma flexão cervical e de tronco, sequencial e progressivamente, até a posição inicial.

Erros mais comuns:

1. Desestabilizar a cintura escapular, elevando os ombros em direção às orelhas.
2. Desativar o *powerhouse*, permitindo uma extensão lombar excessiva e relaxando a musculatura abdominal profunda.
3. Desestabilizar o assoalho pélvico.

Posição inicial: inspire   Expire   Posição final

7.2 HUNDRED II

Posição inicial: Sentado sobre o colúmpio. Pelve neutra. Joelhos com flexão de 90°. Pés em flexão plantar. Mãos segurando o colúmpio. Escápulas estabilizadas. Cabeça alinhada com o tronco.

Exercício:

Inspire:
Mantenha a posição inicial.

Expire:
Realize uma retroversão pélvica e flexione o tronco sequencialmente, desde o sacro até a cabeça, apoiando vértebra por vértebra, até o ângulo inferior da escápula. Ao mesmo tempo, flexione a pelve mantendo os joelhos flexionados em 90°.

Inspire:
Realize uma extensão de braços até posicionar as mãos paralelas ao chão e realizar uma extensão de joelhos, com os pés em direção ao teto.

Expire:
Conte até cinco, realizando um movimento de flexão e extensão de ombros, sem flexionar cotovelos e punhos, como o movimento das asas de um pássaro.

Inspire:
Conte até cinco, realizando o mesmo movimento da expiração anterior.
Faça o exercício cem vezes (50 inspirações e 50 expirações).

Erros mais comuns:

1. Desestabilizar a cintura escapular, elevando os ombros em direção às orelhas.
2. Desativar o *powerhouse*, relaxando a musculatura abdominal profunda.
3. Desestabilizar o assoalho pélvico.

4. Realizar o exercício em apneia.
5. Mover o tronco.
6. Realizar uma hiperextensão lombar em razão do abaixamento dos membros inferiores.

Variações:

- Com as mãos atrás da cabeça, no caso de problemas cervicais.
- Com as pernas flexionadas a 90°, para facilitar a execução do exercício.

Observação:

✓ Durante todo o exercício, o aluno deve manter o tronco elevado.

Posição inicial: inspire

Posição final

7.3 ROLL OVER II

Posição inicial: Sentado sobre o colúmpio. Coluna reta. Cabeça alongada e alinhada com tronco. Joelhos em flexão de 90°. Pés em flexão plantar. Pelve neutra. Mãos segurando o colúmpio.

Exercício:

Inspire:
Mantenha a posição inicial.

Expire:
Realize uma retroversão pélvica e flexione o tronco sequencialmente, desde o sacro até a cabeça. Ao mesmo tempo, realize uma extensão de joelhos, levando os pés em direção ao teto e à cabeça, até que as pernas estejam paralelas ao chão.

Inspire:
Mantenha a posição final.

Expire:
Comece a subir o tronco progressivamente, apoiando vértebra por vértebra sobre o colúmpio, até voltar à posição inicial de pelve neutra e joelhos a 90°.

Erros mais comuns:

1. Desestabilizar a cintura escapular, elevando os ombros em direção às orelhas.
2. Desativar o *powerhouse*, relaxando a musculatura abdominal profunda.
3. Desestabilizar o assoalho pélvico.
4. Não articular as vértebras.
5. Realizar o exercício em apneia.
6. Realizar uma força excessiva com o músculo tríceps.

7. Realizar uma hiperextensão cervical.
8. Não manter as pernas paralelas ao chão na posição final.

Variações:

- Caso o aluno não sinta segurança ao realizar o exercício, o colúmpio pode ser apoiado sobre os ombros, como no exercício *morcego*, ou pode ser realizado um movimento semelhante ao do exercício *half roll over*.
- Esse exercício pode ser realizado com o uso das alças. O aluno deve segurar as alças médias e seguir as mesmas instruções. O uso das alças dá menos estabilidade, dificultando o exercício.

Observações:

✓ O exercício deve ser realizado lentamente, controlando cada movimento.
✓ Na posição final, o aluno deve ser capaz de manter as pernas paralelas ao chão.

Posição inicial: inspire　　　　　　　　　　Expire

Exercícios para nível avançado 179

Expire

Expire

Posição final: inspire

7.4 TEASER II

Posição inicial: Sentado no chão. Escápulas estabilizadas. Cabeça alongada e alinhada com o tronco. Joelhos com flexão de 90°. Pés em flexão plantar. Braços em abdução e flexão de cotovelos a 90°. Mãos segurando as alças médias.

Exercício:

Inspire:
Mantenha a posição inicial.

Expire:
Realize uma extensão de joelhos com os pés em flexão plantar.

Inspire:
Volte à posição inicial.

Erros mais comuns:

1. Desestabilizar a cintura escapular, elevando os ombros em direção às orelhas.
2. Desativar o *powerhouse*, relaxando a musculatura abdominal profunda.
3. Desestabilizar o assoalho pélvico.
4. Realizar o exercício em apneia.
5. Realizar uma força excessiva com o bíceps.
6. Realizar uma hiperextensão cervical.
7. Permitir que as pernas se abaixem, realizando uma hiperextensão lombar.
8. Apoiar o queixo no tronco, realizando uma flexão cervical excessiva.

Variações:

- Realizar flexão e extensão de pernas.
- Realizar o exercício com os pés sobre as alças de pés, facilitando a execução.

Posição inicial

Posição final

7.5 SCISSORS

Posição inicial: Sentado sobre o colúmpio. Coluna em "C". Pernas em extensão. Pés em flexão plantar. Escápulas estabilizadas. Mãos segurando o colúmpio. Cabeça alongada e alinhada com o tronco.

Exercício:

Inspire:
Mantenha a posição inicial.

Expire:
Realize um movimento de cruzar as pernas como se fosse uma tesoura.

Inspire:
Volte à posição inicial.

Expire:
Realize o mesmo movimento para o outro lado.

Erros mais comuns:

1. Desestabilizar a cintura escapular, elevando ombros em direção às orelhas ou realizando uma rotação interna de ombros.
2. Desativar o *powerhouse*, relaxando a musculatura abdominal profunda.
3. Desestabilizar o assoalho pélvico.
4. Realizar o exercício em apneia.
5. Realizar uma força excessiva com o bíceps.
6. Realizar uma hiperextensão cervical.

Exercícios para nível avançado 183

Variações:

- Realizar o exercício em decúbito dorsal sobre o colúmpio.
- Realizar outros movimentos, como bicicleta.

Posição inicial: inspire Expire

Inspire Expire

7.6 *TEASER* COM GIRO DE TRONCO

Posição inicial: Deitado em decúbito lateral. Cabeça apoiada sobre o braço de baixo. Pelve neutra. Pernas em extensão. Pés em flexão plantar. Mão segurando a alça média. Cabeça alinhada com o tronco. Escápulas estabilizadas.

Exercício:

Inspire:
Mantenha a posição inicial.

Expire:
Comece a elevar o tronco e as pernas do chão simultaneamente, flexionando o cotovelo e realizando um giro de pelve e uma flexão lateral de tronco, até alcançar a posição de "V" ou *teaser*.

Inspire:
Mantenha a posição final.

Expire:
Realize um giro de pelve ao mesmo tempo que apoia o tronco e as pernas no chão, voltando à posição inicial.

Erros mais comuns:

1. Desativar o *powerhouse*, relaxando a musculatura abdominal profunda.
2. Desestabilizar o assoalho pélvico.
3. Não manter o alinhamento entre cabeça e tronco no início do exercício.
4. Desestabilizar a cintura escapular, aumentando a hipercifose dorsal ou elevando os ombros em direção às orelhas.
5. Realizar uma hiperextensão lombar ou cervical.

Exercícios para nível avançado 185

Observação:

✓ Para a realização correta desse exercício, o aluno deve imaginar que está fechando o zíper de uma calça apertada para obter uma melhor ativação da musculatura abdominal profunda.

Posição inicial: inspire   Expire

Expire   Posição final: inspire

7.7 HIP CIRCLES

Posição inicial: Sentado no chão. Pelve com flexão de 45°. Escápulas estabilizadas. Cabeça alongada e alinhada com o tronco. Joelhos com flexão de 90°. Pés em flexão plantar. Braços em abdução e flexão de cotovelos de 90°. Mãos segurando as alças médias.

Exercício:

Inspire:
Mantenha a posição inicial.

Expire:
Realize uma extensão de joelhos.

Inspire:
Realize um movimento de pelve e pernas, desenhando a metade de um círculo com os pés.

Expire:
Termine a outra metade do círculo.

Inspire:
Volte à posição inicial.

Erros mais comuns:

1. Desestabilizar a cintura escapular, elevando os ombros em direção às orelhas ou realizando uma rotação interna de ombros.
2. Desativar o *powerhouse*, relaxando a musculatura abdominal profunda.
3. Desestabilizar o assoalho pélvico.

4. Realizar o exercício em apneia.
5. Realizar uma força excessiva com o bíceps.
6. Realizar uma hiperextensão cervical.
7. Permitir que as pernas se abaixem sem controle, realizando uma hiperextensão lombar.
8. Realizar um giro de tronco.

Observações:

✓ A respiração pode variar conforme a capacidade de cada aluno, podendo ser realizada como demonstramos ou realizando o movimento de círculo na inspiração e, para o outro lado, na expiração.
✓ Para dificultar o exercício, pedimos ao aluno que realize um círculo de maior tamanho.

Posição inicial: inspire

Expire

Inspire

Expire

Inspire

7.8 ANGEL

Posição inicial: Em pé, apoiado sobre as alças de pés. Escápulas estabilizadas. Coluna reta. Mãos apoiadas nas alças pequenas. Braços por dentro das alças de pés com flexão de 90°. Cabeça alongada e alinhada com o tronco. Pelve neutra.

Exercício:

Inspire:
Mantenha a posição inicial.

Espire:
Realize uma abdução de pernas e de braços simultaneamente, inclinando o tronco para a frente.

Inspire:
Mantenha a posição final.

Espire:
Realize uma adução de pernas e braços, voltando à posição inicial.

Erros mais comuns:

1. Desativar o *powerhouse*, realizando uma hiperextensão lombar.
2. Desestabilizar o assoalho pélvico.
3. Não manter o alinhamento entre cabeça e tronco na postura final.
4. Desestabilizar a cintura escapular, realizando uma elevação de ombros excessiva.
5. Realizar uma hiperextensão cervical.

Variação:

- Podemos separar o movimento, realizando abdução pura de braços ou de pernas.

Observações:

- ✓ A amplitude de movimento dependerá da capacidade do aluno de manter a estabilização pélvica e escapular durante o movimento.
- ✓ Nesse exercício, o professor/instrutor deve, obrigatoriamente, se posicionar em frente ao aluno, garantindo sua segurança.
- ✓ Antes de realizar esse exercício, o aluno deve ser capaz de controlar e coordenar movimentos simultâneos.

Posição inicial: inspire

Posição final: expire

7.9 LEG PULL BACK II

Posição inicial: Sentado no chão. Coluna reta e alongada desde a zona lombar até a cabeça. Pernas em extensão e adução. Braços em rotação interna, com dedos em direção à pelve e mãos apoiadas no chão. Escápulas estabilizadas. Pés em flexão plantar, apoiados sobre o colúmpio. Cabeça alongada e alinhada com o tronco.

Exercício:

Inspire:
Mantenha a posição inicial.

Expire:
Comece a elevar o tronco, realizando uma retroversão pélvica até manter o alinhamento entre ombro, pelve, joelho e tornozelo.

Inspire:
Volte à posição inicial.

Erros mais comuns:

1. Realizar o exercício em apneia.
2. Desestabilizar a cintura escapular por falta de força nos membros superiores.
3. Desestabilizar o assoalho pélvico.
4. Realizar uma hiperextensão cervical.
5. Desativar o *powerhouse*, realizando uma hiperextensão lombar.
6. Não manter o alinhamento entre ombro, pelve, joelho e tornozelo.

Variação:

- Realizar flexões de cotovelo, trabalhando o tríceps.

Observação:

✓ A posição das mãos em relação aos ombros varia de acordo com a flexibilidade da cadeia muscular anterior de cada aluno, podendo ser adaptada e modificada.

Posição inicial: inspire

Posição final: expire

7.10 *LEG PULL FRONT* IV

Posição inicial: Em quatro apoios. Mãos apoiadas no chão, alinhadas com o cotovelo e com os ombros. Cabeça alongada e alinhada com o tronco. Pés em flexão dorsal, apoiados sobre o colúmpio. Joelhos em flexão, apoiados no chão. Escápulas estabilizadas.

Exercício:

Inspire:
Mantenha a posição inicial.

Expire:
Estenda uma perna com o pé em flexão plantar.

Inspire:
Volte a apoiar o pé no colúmpio.

Expire:
Estenda a outra perna.

Erros mais comuns:

1. Desestabilizar a cintura escapular. Ocorre uma retração escapular ou uma elevação de ombros em direção às orelhas.
2. Realizar uma hiperextensão cervical.
3. Desestabilizar o assoalho pélvico.
4. Desativar o *powerhouse*, relaxando a musculatura abdominal profunda.
5. Realizar um hiperextensão lombar.
6. Não manter o alinhamento entre cabeça, ombros, pelve e joelhos.
7. Realizar um giro de pelve ao elevar uma perna.

Variação:

- Realizar flexões de braços e, ao mesmo tempo, elevar uma perna, o que exige maior coordenação e maior controle do movimento.

Observações:

- ✓ A amplitude de movimento dependerá da capacidade do aluno de manter a estabilização pélvica durante o movimento.
- ✓ A altura do colúmpio deve ser suficiente para permitir que o aluno apoie os joelhos no chão.

Posição inicial: inspire   Posição final: expire

Variação

7.11 GATO COM OBLÍQUOS

Posição Inicial: De joelhos. Tronco em ligeira flexão. Mãos apoiadas sobre a alça de pés. Escápulas estabilizadas. Cabeça alongada e alinhada com o tronco. Pés em flexão dorsal, apoiados no chão.

Exercício:

Inspire:
Mantenha a posição inicial.

Expire:
Afaste os joelhos do chão, alinhando cabeça, ombros, pelve, joelhos e tornozelos.

Inspire:
Mantenha a posição.

Expire:
Realize uma abdução de joelho com flexão, direcionando o movimento para a mão.

Inspire:
Volte à posição final.

Expire:
Realize o mesmo movimento com a outra perna.

Inspire:
Volte à posição final.

Expire:
Volte à posição inicial.

Erros mais comuns:

1. Desestabilizar a cintura escapular, realizando uma retração escapular ou uma elevação de ombros em direção às orelhas.

2. Desestabilizar o assoalho pélvico.
3. Desativar o *powerhouse*, relaxando a musculatura abdominal profunda.
4. Realizar uma hiperextensão lombar.
5. Realizar uma hiperextensão cervical.

Variação:

- Aumentando ou diminuindo a altura das alças, dificultando ou facilitando o exercício.

Posição inicial: inspire   Posição final

Expire   Expire

7.12 BIPEDESTAÇÃO COM ABERTURA ZERO

Posição inicial: De pé, apoiado sobre as alças de pés. Escápulas estabilizadas. Coluna reta. Mãos apoiadas nas alças pequenas. Braços por fora das alças de pés. Cabeça alongada e alinhada com o tronco. Pelve neutra.

Exercício:

Inspire:
Mantenha a posição inicial.

Expire:
Realize uma máxima abdução de pernas.

Inspire:
Volte à posição inicial, realizando uma adução de pernas e uma flexão de cotovelo.

Erros mais comuns:

1. Desativar o *powerhouse*, realizando uma hiperextensão lombar.
2. Desestabilizar o assoalho pélvico.
3. Não manter o alinhamento entre cabeça e tronco. A postura final tem que ser reta; o aluno não pode ter o tronco posicionado atrás ou à frente da linha média.
4. Desestabilizar a cintura escapular, realizando uma elevação de ombros excessiva.
5. Realizar uma hiperextensão cervical.

Observações:

✓ A amplitude de movimento dependerá da capacidade do aluno de manter a estabilização pélvica durante o movimento.

✓ O movimento de retorno à posição inicial deve ser totalmente reto em direção ao teto.

Posição inicial: inspire

Expire

Posição final

7.13 BIPEDESTAÇAO COM GIRO DE TRONCO

Posição inicial: Em pé, apoiado sobre as alças de pés. Escápulas estabilizadas. Coluna reta. Mãos apoiadas nas alças pequenas. Braços por fora das alças de pés. Cabeça alongada e alinhada com o tronco. Pelve neutra.

Exercício:

Inspire:
Mantenha a posição inicial.

Expire:
Realize uma máxima abdução de pernas.

Inspire:
Mantenha a posição final.

Expire:
Realize um giro de tronco e pelve.

Inspire:
Volte ao centro.

Expire:
Gire o tronco e a pelve para o outro lado.

Inspire:
Volte ao centro.

Expire:
Volte à posição inicial.

Erros mais comuns:

1. Desativar o *powerhouse*, realizando uma hiperextensão lombar.
2. Desestabilizar o assoalho pélvico.
3. Não manter a cabeça e o tronco alinhados. A postura final tem que ser reta, o aluno não pode deixar o tronco posicionado atrás ou à frente da linha média.
4. Desestabilizar a cintura escapular, realizando uma elevação de ombros excessiva.
5. Realizar uma hiperextensão cervical.

Observações:

✓ A amplitude de movimento dependerá da capacidade do aluno de manter a estabilização pélvica durante o movimento.
✓ Evitar uma anteversão pélvica.

Posição inicial

Exercícios para nível avançado

Posição final

7.14 ELEFANTE

Posição inicial: Em prancha. Mãos apoiadas no chão, cotovelos alinhados com ombros. Cabeça alongada e alinhada com o tronco. Pés em flexão plantar apoiados sobre colúmpio. Pelve neutra. Escápulas estabilizadas.

Exercício:

Inspire:
Mantenha a posição inicial.

Expire:
Eleve a pelve em direção ao teto.

Inspire:
Volte à posição inicial.

Erros mais comuns:

1. Desestabilizar a cintura escapular, elevando os ombros em direção às orelhas.
2. Realizar uma hiperextensão cervical.
3. Desestabilizar o assoalho pélvico.
4. Desativar o *powerhouse*, relaxando a musculatura abdominal profunda.

Variação:

- Executar o exercício com apoios de cotovelo e de antebraço.

Exercícios para nível avançado

Posição inicial: inspire   Expire

Posição final

7.15 CAMBALHOTA

Posição inicial: Sentado sobre o colúmpio. Coluna reta. Cabeça alinhada com o tronco. Joelhos em flexão de 90°. Pés em flexão plantar. Pelve neutra. Mãos segurando o colúmpio. Escápulas estabilizadas.

Exercício:

Inspire:
Mantenha a posição inicial.

Expire:
Realize uma retroversão pélvica e flexione o tronco sequencialmente, desde o sacro até a cabeça. Ao mesmo tempo, realize uma extensão de joelhos, levando os pés em direção à cabeça e ao chão, de forma controlada.

Inspire:
Apoie os pés no chão.

Expire:
Realize uma retroversão pélvica e comece a subir o tronco progressivamente, vértebra por vértebra, desde a zona lombar e a cabeça até posicionar-se em pé.

Erros mais comuns:

1. Desestabilizar a cintura escapular, elevando os ombros em direção às orelhas.
2. Desativar o *powerhouse*, relaxando a musculatura abdominal profunda.
3. Desestabilizar o assoalho pélvico.
4. Não articular as vértebras.
5. Realizar o exercício em apneia.

6. Realizar uma força excessiva com o tríceps.

Variação:

- Realizar a cambalhota e voltar à posição inicial realizando uma cambalhota para trás.

Observação:

✓ É muito importante que o exercício seja realizado de forma controlada.

Posição inicial: inspire

206　Método pilates aéreo

Exercícios para nível avançado 207

Posição final

7.16 OBLÍQUOS

Posição inicial: Deitado em decúbito lateral, apoiado sobre o antebraço. Um braço em rotação interna e palma da mão para baixo, apoiada no chão. Joelhos em extensão com ligeira flexão de pelve. Pés em flexão plantar. Escápulas estabilizadas. Cabeça alongada e alinhada com o tronco. O outro braço em abdução de 90° e cotovelo com flexão de 90°. Mão segurando a alça média.

Exercício:

Inspire:
Mantenha a posição inicial.

Expire:
Eleve ambas as pernas em direção ao teto. Ao mesmo tempo, realize uma flexão lateral de tronco.

Inspire:
Volte à posição inicial.

Erros mais comuns:

1. Desestabilizar a cintura escapular, elevando os ombros em direção às orelhas.
2. Desativar o *powerhouse*, relaxando a musculatura abdominal profunda.
3. Desestabilizar o assoalho pélvico.
4. Realizar o exercício em apneia.
5. Realizar uma força excessiva com o bíceps.
6. Erguer o cotovelo do chão.
7. Realizar uma hiperextensão cervical.

Observação:

✓ Nos exercícios de decúbito lateral com apoio de cotovelo, é fundamental que o aluno seja capaz de manter o tronco elevado, imaginando a forma de um triangulo entre braço, tronco e chão.

Exercícios para nível avançado 209

Posição inicial: inspire

Posição final: expire

7.17 OBLÍQUOS AVANÇADOS

Posição inicial: Em pé. Braços em abdução. Mãos apoiadas sobre as alças pequenas. Pelve neutra. Escápulas estabilizadas. Cabeça alongada e alinhada com o tronco. Coluna reta.

Exercício:

Inspire:
Mantenha a posição inicial.

Expire:
Erga os pés do chão, realizando uma flexão de joelhos de 90°, mantendo a pelve neutra e as escápulas estabilizadas.

Inspire:
Mantenha a posição.

Expire:
Realize uma flexão de pernas, levando os joelhos lateralmente em direção a um ombro.

Inspire:
Volte à posição de pelve neutra.

Expire:
Realize o mesmo movimento para o outro lado.

Inspire:
Volte à posição de pelve neutra.

Expire:
Volte à posição inicial, apoiando os pés no chão.

Erros mais comuns:

1. Desestabilizar a cintura escapular, elevando os ombros em direção às orelhas.
2. Desativar o *powerhouse*, relaxando a musculatura abdominal profunda.
3. Desestabilizar o assoalho pélvico.
4. Realizar o exercício em apneia.
5. Fazer uma força excessiva com o bíceps.
6. Realizar uma rotação de tronco.

Variações:

- Realizar abdução e adução de pernas.
- Realizar o exercício com flexão de pernas e extensão de joelhos.

Observação:

✓ Durante todo o exercício, o aluno deve manter a cintura escapular estabilizada, separando as orelhas dos ombros.

Posição inicial: inspire

Posição final: expire

Variação　　　　　　　　　　　Variação

7.18 INVERSÃO TOTAL II

Posição inicial: Em inversão. Pernas em abdução e rotação externa. Joelhos em flexão. Pés apoiados pela zona plantar. Cabeça alinhada com o tronco. Braços em abdução com as mãos segurando as alças de pés. Escápulas estabilizadas.

Exercício:

Inspire:
Mantenha a posição inicial.

Expire:
Realize um movimento sequencial de extensão cervical e de tronco, dirigindo o movimento posteriormente. Ao mesmo tempo, flexione os cotovelos, apoiando o peso do corpo sobre as alças de pés e inclinando o tronco em direção ao teto e para trás.

Inspire:
Mantenha a posição final.

Expire:
Flexione os cotovelos, a cabeça e o tronco, voltando à posição inicial.

Erros mais comuns:

1. Desativar o *powerhouse*, relaxando a musculatura abdominal profunda.
2. Desestabilizar o assoalho pélvico.
3. Desestabilizar a cintura escapular, elevando os ombros em direção às orelhas.
4. Realizar uma hiperextensão cervical.
5. Realizar uma hiperextensão lombar.

Observação:

✓ Para a realização desse exercício é preciso muita força nos membros superiores.

Posição inicial

Posição final

7.19 *ROLL DOWN* COM EXTENSÃO DE TRONCO

Posição inicial: Sentado sobre o colúmpio. Pernas em extensão. Pés em flexão plantar. Braços em abdução de 90°. Mãos apoiadas sobre as alças médias. Escápulas estabilizadas. Cabeça alinhada com o tronco.

Exercício:

Inspire:
Mantenha a posição inicial.

Expire:
Incline o tronco para trás, mantendo a extensão da coluna e o alinhamento entre cabeça, ombros, pelve, joelhos e tornozelos.

Inspire:
Mantenha a posição final.

Expire:
Comece a subir a cabeça e o tronco simultaneamente, mantendo a extensão de coluna até a posição final.

Erros mais comuns:

1. Desestabilizar a cintura escapular, elevando os ombros em direção às orelhas.
2. Desativar o *powerhouse*, relaxando a musculatura abdominal profunda.
3. Desestabilizar o assoalho pélvico.
4. Realizar o exercício em apneia.
5. Fazer uma força excessiva com o tríceps.
6. Realizar uma hiperextensão cervical.

Variação:

- Realizar o exercício com os pés em flexão dorsal.

Posição inicial: inspire   Expire

Posição final: inspire

7.20 BREATHING II

Posição inicial: Em pé, apoiado sobre as alças de pés. Escápulas estabilizadas. Coluna reta. Pelve neutra. Mãos apoiadas nas alças pequenas. Braços por fora das alças de pés. Cabeça alinhada com o tronco.

Exercício:

Inspire:
Mantenha a posição inicial.

Expire:
Incline o tronco para trás, permitindo que ele se abaixe em direção ao chão e mantendo as pernas em extensão.

Inspire:
Mantenha a posição.

Expire:
Contraia os glúteos e a musculatura abdominal profunda, elevando a pelve em direção ao teto e mantendo o alinhamento entre cabeça, ombros, pelve, joelhos e tornozelos.

Inspire:
Volte a baixar a pelve.

Expire:
Flexione os joelhos e realize uma pressão sobre as alças de pés, posicionando-se em pé.

Erros mais comuns:

1. Realizar o exercício em apneia.
2. Desestabilizar a cintura escapular, elevando os ombros em direção às orelhas.
3. Desestabilizar o assoalho pélvico.
4. Realizar uma hiperextensão cervical.

5. Desativar o *powerhouse*, relaxando a musculatura abdominal profunda.
6. Não contrair os glúteos.
7. Não manter o alinhamento entre cabeça, ombros, pelve, joelhos e tornozelos.

Variações:

- Abduzir pernas na posição final.
- Realizar flexões de braços na posição final.

Posição inicial

Posição final

Variação

7.21 ABDOMINAIS AVANÇADOS

Posição inicial: Sentado sobre o colúmpio, apoiando a zona lombar. Mãos segurando o colúmpio. Escápulas estabilizadas. Joelhos flexionados a 90°. Pés em flexão plantar. Cabeça alinhada com o tronco.

Exercício:

Inspire:
Mantenha a posição inicial.

Expire:
Realize uma retroversão pélvica, baixando o tronco vértebra por vértebra. Ao mesmo tempo, eleve os joelhos em direção ao teto até a posição de decúbito dorsal e abduza as pernas passando os pés por fora do colúmpio. Em seguida, flexione os joelhos passando os pés por dentro do colúmpio e apoie um pé no outro pela zona plantar.

Inspire:
Leve os braços atrás da cabeça.

Expire:
Realize uma flexão de cabeça e tronco.

Inspire:
Segure o colúmpio.

Expire:
Volte à posição inicial, realizando um movimento simultâneo de extensão de joelhos, adução de pernas e flexão de tronco e cabeça.

Erros mais comuns:

1. Desativar o *powerhouse*, relaxando a musculatura abdominal profunda.
2. Desestabilizar o assoalho pélvico.

3. Desestabilizar a cintura escapular, elevando os ombros em direção às orelhas.
4. Realizar uma hiperextensão lombar.

Observações:

✓ O exercício deve ser realizado de forma controlada.
✓ Evitar um retorno rápido à posição inicial.

Posição inicial: inspire

Posição final

7.22 ROCKING

Posição inicial: Deitado em decúbito ventral. Pernas em abdução. Joelhos em flexão máxima. Pés em flexão plantar. Cabeça alongada e alinhada com o tronco. Braços em extensão. Mãos segurando os tornozelos. Púbis em direção ao colúmpio.

Exercício:

Inspire:
Mantenha a posição inicial.

Expire:
Realize um movimento simultâneo de extensão de cabeça, tronco e pelve.

Inspire:
Volte à posição inicial.

Erros mais comuns:

1. Desestabilizar a cintura escapular, elevando os ombros em direção às orelhas.
2. Desativar o *powerhouse*, relaxando a musculatura abdominal profunda.
3. Desestabilizar o assoalho pélvico.

Posição inicial

Posição final

7.23 *LEG PULL FRONT* COM OBLÍQUOS

Posição inicial: Em prancha. Mãos apoiadas no chão, cotovelos alinhados com os ombros. Cabeça alongada e alinhada com o tronco. Pés em flexão plantar apoiados sobre o colúmpio. Pelve neutra. Escápulas estabilizadas.

Exercício:

Inspire:
Mantenha a posição inicial.

Expire:
Flexione os cotovelos. Ao mesmo tempo, gire e flexione os joelhos, dirigindo o movimento para o ombro, sem perder o alinhamento entre cabeça, ombros e pelve.

Inspire:
Volte à posição inicial.

Expire:
Realize o mesmo movimento para o outro lado.

Inspire:
Volte à posição inicial.

Erros mais comuns:

1. Realizar o exercício em apneia.
2. Desestabilizar a cintura escapular por falta de força nos membros superiores.
3. Desestabilizar o assoalho pélvico.
4. Realizar uma hiperextensão cervical.
5. Desativar o *powerhouse*, realizando uma hiperextensão lombar.
6. Perder o alinhamento entre cabeça, ombros e pelve.

Exercícios para nível avançado 223

Variação:

- Realizar o exercício com apoio de antebraço.

Posição inicial: inspire · Expire

Inspire · Expire

7.24 SWAN REVERSE

Posição inicial: Sentado sobre o colúmpio. Coluna reta. Pernas e joelhos em extensão. Pés em flexão plantar apoiados sobre as alças de pés. Mãos ao lado do corpo. Cabeça alinhada com o tronco. Escápulas estabilizadas.

Exercício:

Inspire:
Mantenha a posição inicial.

Expire:
Realize uma retroversão pélvica e flexione o tronco sequencialmente desde o sacro até a cabeça, apoiando vértebra por vértebra sobre o colúmpio até a posição de extensão da coluna. Ao mesmo tempo, realize uma abdução e flexão de braços, direcionando o corpo ao chão.

Inspire:
Mantenha a posição final.

Expire:
Faça uma flexão cervical e de tronco, sequencial e progressivamente, voltando à posição inicial.

Erros mais comuns:

1. Desestabilizar a cintura escapular, elevando os ombros em direção às orelhas.
2. Desativar o *powerhouse*, relaxando a musculatura abdominal profunda.
3. Desestabilizar o assoalho pélvico.

Observação:

✓ A zona lombar não deve estar apoiada sobre o colúmpio.

Exercícios para nível avançado 225

Posição inicial: inspire

Posição final

7.25 SPINE TWIST II

Posição inicial: Sentado no chão. Coluna reta. Braços em abdução de 90° e rotação interna. Pés em flexão plantar, apoiados sobre o colúmpio. Escápulas estabilizadas. Joelhos em flexão. Cabeça alongada e alinhada com o tronco.

Exercício:

Inspire:
Mantenha a posição inicial.

Expire:
Gire o tronco, a cabeça e os braços, simultaneamente.

Inspire:
Volte à posição inicial.

Expire:
Realize o mesmo movimento para o outro lado.

Inspire:
Volte à posição inicial.

Erros mais comuns:

1. Desestabilizar a cintura escapular, girar mais a cabeça ou os braços que o tronco.
2. Desativar o *powerhouse*, relaxando a musculatura abdominal profunda.
3. Desestabilizar o assoalho pélvico.
4. Realizar uma rotação de pelve e não de tronco, erguendo os glúteos do chão.

5. Realizar uma hiperextensão cervical.
6. Aumentar a hipercifose dorsal.

Variações:

- Braços cruzados atrás da cabeça.
- Braços cruzados no peito.

Observação:

✓ A amplitude de movimento dependerá da capacidade do aluno de manter a estabilização pélvica durante o movimento.

Posição inicial: inspire   Expire

Expire • Posição inicial: inspire

Expire • Expire

Exercícios para nível avançado

Variação – Posição inicial: inspire   Variação – Expire

Variação – Expire

7.26 NECK PULL

Posição inicial: Deitado em decúbito dorsal. Pelve neutra. Pernas em extensão e adução. Mãos atrás da cabeça. Pés em flexão plantar, apoiados sobre as alças de pés. Escápulas estabilizadas.

Exercício:

Inspire:
Mantenha a posição inicial.

Expire:
Realize uma flexão sequencial de cabeça e tronco vértebra por vértebra, desde a cabeça até sacro, e continue alongando o tronco em direção aos pés.

Inspire:
Apoie os ísquios, mantendo a pelve neutra e seguindo com uma extensão sequencial e progressiva de tronco, até uma posição reta da coluna.

Expire:
Realize uma retroversão pélvica e flexione o tronco sequencialmente, desde o sacro até a cabeça, apoiando vértebra por vértebra, até voltar à posição inicial.

Erros mais comuns:

1. Realizar o exercício em apneia.
2. Desestabilizar a cintura escapular, elevando os ombros em direção às orelhas.
3. Dar um impulso excessivo com os braços, não realizando uma flexão de tronco controlada.
4. Desativar o assoalho pélvico.
5. Realizar uma hiperextensão cervical.
6. Desativar o *powerhouse*, utilizando a força do músculo psoas maior e permitindo uma elevação das pernas.

Exercícios para nível avançado 231

7. Apoiar o queixo no tronco, realizando uma flexão cervical excessiva.
8. Aduzir os braços durante a subida do tronco.

Variações:

- Separar o exercício por partes, conforme a necessidade de cada aluno.
- Aumentar ou diminuir a altura do colúmpio, facilitando ou dificultando o exercício.

Posição inicial: inspire   Expire

Expire   Posição final: inspire.

7.27 MORCEGO

Posição inicial: Sentado sobre o colúmpio. Coluna reta. Joelhos com flexão de 90°. Pés em flexão plantar. Cabeça alongada e alinhada com o tronco. Mãos segurando o colúmpio. O tecido do colúmpio deve estar cobrindo os ombros, como se fosse uma capa.

Exercício:

Inspire:
Mantenha a posição inicial.

Expire:
Realize uma retroversão pélvica, baixando o tronco vértebra por vértebra, até a posição de decúbito dorsal. Ao mesmo tempo, eleve os joelhos em direção ao teto, separando progressivamente a pelve e o tronco até estar apoiado sobre os ombros. Lembre-se de que os ombros devem estar apoiados sobre o colúmpio.

Inspire:
Mantenha a posição final.

Expire:
Comece a baixar o tronco progressivamente vértebra por vértebra, desde a zona dorsal até a posição de decúbito dorsal.

Inspire:
Mantenha a posição.

Expire:
Realize uma flexão sequencial de cabeça e tronco vértebra por vértebra, desde a cabeça até a pelve, chegando à posição inicial.

Exercícios para nível avançado

Erros mais comuns:

1. Realizar o exercício em apneia.
2. Desestabilizar a cintura escapular, realizando uma rotação interna de ombros.
3. Dar um impulso excessivo com os braços, não realizando uma flexão de tronco controlada.
4. Desestabilizar o assoalho pélvico.
5. Realizar uma hiperextensão cervical.
6. Desativar o *powerhouse*, relaxando a musculatura abdominal profunda.
7. Realizar uma hiperextensão lombar na posição final.
8. Não manter o alinhamento entre cabeça, ombros, pelve, joelhos e tornozelos.

Posição inicial

Posição final

7.28 JACKNIFE

Posição inicial: Deitado em decúbito dorsal. Pelve neutra. Braços apoiados na alça de pés ao lado do corpo, com a palma da mão para baixo. Pernas a 90°. Pés em flexão plantar. Escápulas estabilizadas. Cabeça alinhada com o tronco.

Exercício:

Inspire:
Realize uma extensão de joelhos.

Expire:
Erga os glúteos do chão, progressivamente, até o ângulo superior da escápula.

Inspire:
Apoie os pés no chão.

Expire:
Realize uma extensão, levando as pernas em direção ao teto, com os pés em flexão plantar.

Inspire:
Mantenha a posição.

Expire:
Comece a baixar o tronco progressivamente, vértebra por vértebra, começando pela zona dorsal, terminando com os glúteos, até voltar à posição inicial.

Erros mais comuns:

1. Desestabilizar a cintura escapular, realizando uma rotação interna de ombros.
2. Desativar o *powerhouse*, relaxando a musculatura abdominal profunda.

3. Desestabilizar o assoalho pélvico.
4. Não articular as vértebras.
5. Realizar o exercício em apneia.
6. Realizar uma força excessiva com o tríceps.
7. Afastar a cabeça e os ombros do chão.

Variações:

- Apoiar os glúteos sobre um BOSU para facilitar a execução.
- Apoiar os pés no chão na posição final, exigindo mais flexibilidade do aluno.

Observação:

✓ As alças de pés não devem tocar o chão durante o exercício.

Inspire

Expire

Inspire Expire

Posição final

7.29 SNACK

Posição inicial: Em decúbito ventral, em posição de descanso, com flexão completa de pelve e joelhos. Pés em flexão plantar. Braços com flexão de 180° e mãos segurando as alças de pés. Cabeça alongada e alinhada com o tronco. Escápulas estabilizadas.

Exercício:

Inspire:
Realize uma extensão de pelve e de joelhos e, simultaneamente, uma extensão sequencial de tronco, começando pela região cervical até a torácica, tentando tocar o chão. Ao mesmo tempo, realize uma flexão de cotovelos.

Expire:
Comece uma extensão de cotovelos e continue o movimento, levando a cabeça em direção ao teto, até estar apoiado sobre os joelhos.

Inspire:
Comece a flexionar os cotovelos e abaixar o tronco, sem perder a extensão da coluna, até que o peito quase toque o chão.

Expire:
Empurre o tronco em direção aos pés, voltando à posição inicial.

Erros mais comuns:

1. Realizar o exercício em apneia.
2. Desestabilizar a cintura escapular, elevando os ombros em direção às orelhas.
3. Dar um impulso excessivo com os braços, não realizando uma flexão de tronco controlada.
4. Desestabilizar o assoalho pélvico.

5. Desativar o *powerhouse*, relaxando a musculatura abdominal profunda.
6. Não articular as vértebras.
7. Realizar uma hiperextensão lombar.

Posição inicial: inspire

Expire

Expire

Posição final: inspire

BIBLIOGRAFIA

CRAIG, C. *Abdominales con el poder único del balón*. Madrid: Tutor, 2003.

FERNANDES, N. *Yoga terapia*: o caminho da saúde física e mental. 2. ed. São Paulo: Ground, 1994.

HAMILL, J.; KNUTZEN, K. M. *Bases biomecânicas do movimento humano*. 2. ed. São Paulo: Manole, 2008.

ISACOWITZ, R.; CLIPPINGER, K. *Anatomia del pilates*. Madrid: Tutor, 2011.

LENT, R. *Cem bilhões de neurônios*: conceitos fundamentais de neurociência. São Paulo: Atheneu, 2004.

LIPPERT, L. *Cinesiologia clínica para fisioterapeutas*. 3. ed. Rio de Janeiro: Guanabara Koogan, 2003.

MASSEY, P. *Pilates*: uma abordagem anatômica. Barueri: Manole, 2012.

MOLINA, P. E. *Fisiologia endócrina*. 2. ed. São Paulo: McGraw-Hill, 2007.

PILATES, J. H. *A obra completa de Joseph Pilates*. Sua saúde e O retorno à vida pela Contrologia (coautoria de William John Miller). Tradução de Cecilia Panelli. São Paulo: Phorte, 2010.

PILATES, J. H.; MILLER, W. J. *Return to life through Contrology and Your health*. Incline Village, NV: Dynamics, 1998.

SMITH, L. K; WEISS, E. L.; LEHMKUHL, L. D. *Cinesiologia clínica de Brunnstrom*. 5. ed. São Paulo: Manole, 1997.

WEINECK, J. *Biologia do esporte*. Barueri: Manole, 2005.

APÊNDICE

ALONGAMENTOS

Apêndice 243

244 Método pilates aéreo

Apêndice 245

SOBRE A COLABORADORA

Amanda Moreira da Silva Reis

- Obstetriz formada pela Escola de Artes, Ciências e Humanidades da Universidade de São Paulo (2011).
- Pós-graduada como Docente para Ensino Superior (2013).
- Bolsista em iniciação científica na área da Saúde pelo CNPq.
- Foi integrante do quadro de obstetrizes da Irmandade Santa Casa de Misericórdia de Suzano (SP).
- Atualmente presta assistência no Hospital Geral de São Mateus Dr. Manoel Bifulco.

Sobre o Livro
Formato: 17 x 24 cm
Mancha: 12,4 x 18 cm
Papel: Couché 90 g
nº páginas: 248
1ª edição: 2017

Equipe de Realização
Assistência editorial
Liris Tribuzzi

Assessoria editorial
Maria Apparecida F. M. Bussolotti

Edição de texto
Gerson Silva (Supervisão de revisão)
Iolanda Dias (Preparação do original e copidesque)
Roberta Heringer de Souza Villar e Marcos Peterson F. Silva (Revisão)

Editoração eletrônica
Évelin Kovaliauskas Custódia (Capa, projeto gráfico e diagramação)

Fotografia
Ángel Rivero Pérez (Fotos de capa e miolo)
Jessica Renata Oliveira Souza (Modelo)

Impressão
Gráfica Santa Marta